HERZ KREISLAUF KOCHBUCH

Margrit Sulzberger

HERZ KREISLAUF KOCHBUCH

Ein gesundes Herz durch richtige Ernährung
und Behandlung mit Vitalstoffen

AT Verlag

Dieses Buch gibt Empfehlungen und Anregungen zur Vorbeugung und Behandlung von Herz-Kreislauf-Erkrankungen mit Hilfe von Ernährungsmassnahmen und körpereigenen Mikronährstoffen, sogenannten Vitalstoffen (Vitamine, Mineralstoffe, Spurenelemente) und pflanzlichen Stoffen.

Es ist aber nicht als Anleitung zur unkontrollierten Selbstbehandlung gedacht. Für die Diagnose und Therapie von Herz-Kreislauf-Problemen ist der Arzt zuständig. Verordnete Arzneimittel und Behandlungsmassnahmen dürfen auf keinen Fall geändert oder abgesetzt werden.

Umschlagabbildung:
Teigwaren mit Artischocken, Zucchini und Oliven,
Rezept Seite 85

Fotos: Lotti Bebie, Zürich
Fotokochen: Zogbaum Cuisine
Satz und Gestaltung: AT Verlag, Aarau
Lithos: AZ Grafische Betriebe AG, Aarau
Druck und Bindearbeiten: Neue Stalling GmbH, Oldenburg
Printed in Germany

ISBN 3-85502-657-2

Inhaltsverzeichnis

Das Herz – Mittelpunkt unseres Lebens

Das Symbol für das Herz ❤ wird von allen Menschen dieser Welt verstanden, und alle wissen auch sofort, was gemeint ist, wenn wir auf unser Herz zeigen: wir, ganz persönlich, als unverwechselbare Individuen – das Ich, das Selbst, unsere Seele, unser ganzes Menschsein mit unserem Mittelpunkt, dem Herzen.

Wenn man versucht, das Herz rein materiell zu erfassen, nämlich als Muskel, der sich zusammenzieht, der dabei das Blut durch die Adern pumpt und damit erst das Leben in den Zellen ermöglicht, wissen wir doch immer: Das ist nur ein Teil des Herzens. In unserem Bewusstsein steht das Herz als Symbol für unsere Liebeskraft, für die Fähigkeit zu Mitgefühl, für unser seelisches Mitschwingen. Oder mit anderen Worten, als Symbol für unser Menschsein schlechthin und für unsere menschliche Qualität. Wir haben ein «warmes Herz», jemand hat ein «kaltes Herz» oder ein «Herz aus Stein».

An die materielle Existenz des Herzens denken wir erst, wenn das Herz weh tut, wenn der Blutdruck zu hoch ist und uns Beschwerden macht oder wenn der Arzt warnend auf den zu hohen Cholesterinspiegel hinweist.

Wir wissen es alle: Herz- und Kreislauferkrankungen sind die häufigsten Todesursachen in der westlichen Hemisphäre. Wie bei allen Krankheiten fand man auch bei der Erforschung dieser Krankheiten viele verschiedene Ursachen, aber immer wieder glaubte man, einem Hauptverursacher auf der Spur zu sein. Erinnern Sie sich noch an die Zeiten der Cholesterinhysterie, als man der Menge des mit der Nahrung aufgenommenen Cholesterins die Hauptschuld an der Entstehung von Herzinfarkten gab und der Verzehr von Eiern als übergrosser Risikofaktor galt? Aus demselben Grund wurden bald auch Olivenöl und Butter aus dem täglichen Gebrauch gestrichen und von den Ernährungsfachleuten nur noch Margarine, Distelöl und Sonnenblumenöl toleriert. Noch heute geistert das Schreckgespenst Cholesterin in den meisten Köpfen herum, obwohl längst bewiesen wurde, dass ein hoher Cholesterinspiegel (siehe das Kapitel zum Cholesterin, Seite 27) niemals Ursache eines Infarkts ist, sondern nur eines von vielen Symptomen dafür, dass etwas im Stoffwechsel nicht stimmt.

Heute gilt ausgerechnet der Verzehr von Olivenöl als Gefässschutz, und es wird als Hauptnahrungsmittel der sogenannten Mittelmeerküche zur Vorbeugung von Herz-Kreislauf-Erkrankungen empfohlen, da grosse Untersuchungen gezeigt haben, dass die Bewohner der Mittelmeerländer die niedrigsten Raten solcher Erkrankungen aufweisen. Sie essen aber auch weniger Fleisch, weniger Milchprodukte, dafür mehr Früchte, mehr Getreideprodukte – und sie halten Siesta!

In den 15 Jahren, in denen wir unsere Kochschule führten (Vollwert-Kochschule J+M von Jacqueline Fessel und Margrit Sulzberger), kam das Thema Cholesterin fast täglich von den Kursteilnehmern und -teilnehmerinnen aufs Tapet. Wir waren gezwungen, uns immer auf dem neusten Stand der Forschung zu halten, gerade auch da wir immer einen etwas unkonventionellen Standpunkt vertraten. Wir waren nämlich der Meinung, dass allein der gesunde Menschenverstand uns sagen sollte, dass das Olivenöl nicht Ursache des frühen Herztodes sein kann, da die Mittelmeerländer sonst alle schon entvölkert sein müssten. Dass die Wissenschaft heute nachträglich beweisen kann, was man sich auch ohne Forschung hätte erklären können, ist natürlich erfreulich. Und ebenso erfreulich ist, dass die Thesen der Vollwerternährung (viel Getreide, viel Gemüse und Früchte, Milchprodukte, wenig Fleisch und Ähnliches, alles aus gesunden Grundprodukten und schonend verarbeitet) heute alle anerkannt und allgemein akzeptiert sind.

In der Folge sorgten andere Faktoren für Gesprächsstoff, durch deren Beseitigung man sich den endgültigen Sieg über diese todbringenden Krankheiten erhoffte. Ich erinnere nur an die Triglyceride, dann das Homocystein, jetzt meint man ein Bakterium als Auslöser für Herz-Kreislauf-Erkrankungen gefunden zu haben. Dies alles zeigt letztlich nur eines:

> Herz-Kreislauf-Erkrankungen sind
> wie alle Krankheiten multifaktoriell und niemals
> durch einen einzigen Auslöser verursacht.

Dieses Buch beleuchtet deshalb die verschiedenen Faktoren, die zu einer Krankheit führen können, und zeigt die verschiedenen Wege auf, die wir selber gehen können, um Herz-Kreislauf-Erkrankungen vorzubeugen und wenn möglich zu heilen.

Nicht ausser Acht lassen wollen wir die psychischen Faktoren, die wie bei jeder Krankheit meiner Meinung nach am Anfang stehen und nicht als ihre mögliche Begleiterscheinung auftreten. Ihnen ist unter dem Thema Stress ein besonderes Kapitel gewidmet (siehe Seiten 40–43). Aus eigener Erfahrung weiss ich um den überragenden Einfluss der Lebensumstände auf das Herz und seine Funktionen (ich habe seit meinem 30. Lebensjahr eine leichte Angina pectoris). Auch beweist mir der Tod meines Vaters an seinem dritten Herzinfarkt, dass psychische Faktoren allein genügen können, einem Leben abrupt ein Ende zu setzen: Er hatte zeitlebens nie Übergewicht, hat kaum drei Zigaretten pro Tag geraucht, mässig und gesund gegessen, täglich mässig Rotwein getrunken, war ein Bewegungstyp, der immer zu Fuss zur Arbeit ging und zu meinem und meiner Mutter Leidwesen (wir mussten mitgehen!) jedes Wochenende Gewaltstouren in den Bergen unternahm. Ausser vorübergehenden rheumatischen Beschwerden im Kreuz war er vor seinem ersten Herzinfarkt nie krank. Solche Fakten machen vorsichtig und lassen uns zur Einsicht kommen, dass wir letztlich nie alles erklären können.

Wenn wir die vielen Ursachen, die nachweislich zu Herz-Kreislauf-Erkrankungen führen können, genauer betrachten, sehen wir, dass sie wie bei praktisch allen anderen Erkrankungen letztlich darin liegen, dass unser Körper – dieses wunderbare biochemische Labor – Mängel in Bezug auf seine Regulationstätigkeit erleiden muss. Und diese Mängel rühren wie immer daher, dass der Körper über die Ernährung zu wenig von den Grundstoffen erhält, die er für seine biochemischen und damit lebenserhaltenden Stoffwechselfunktionen benötigt, das heisst, er leidet an einem Mangel an Vitaminen, Mineralstoffen, Enzymen, sekundären Pflanzenstoffen, essenziellen Fettsäuren usw.

Die wahren Ursachen für Herz-Kreislauf-Erkrankungen liegen

- **nicht** in einem zu hohen Cholesterinspiegel, **sondern** in den gestörten Stoffwechselfunktionen, die zu einem erhöhten Cholesterinspiegel geführt haben,
- **nicht** in gefässverstopfenden Blutgerinnseln, **sondern** in den gestörten Stoffwechselfunktionen, die zu Blutgerinnseln geführt haben,
- **nicht** in den vorhandenen Chlamydien, **sondern** in der geschwächten Abwehr, die den Körper nicht mehr dazu befähigt, mit Chlamydien fertig zu werden usw.

Daher ist es am interessantesten zu erforschen, was die Stoffwechselfunktionen und die Abwehrkräfte dermassen gestört oder geschwächt hat, dass solche Störungen auftreten können. Diesem Thema ist dieses Buch gewidmet, und ich hoffe, dass Sie, lieber Leser, liebe Leserin, vom Wunderwerk Mensch, seinem Stoffwechsel und der überragenden Bedeutung, die die Ernährung dabei spielt, ebenso fasziniert sein werden, wie ich es bin.

Wovon ich in diesem Buch nicht sprechen werde, ist die Frage, weshalb das Herz als Mittelpunkt unseres Lebens krank wird. Gehen wir davon aus, dass das Herz Sitz unserer Seele ist, lautet die Frage: Weshalb ist unsere Seele krank geworden? Das kann nur jeder für sich selbst beantworten. Ist das Streben nach einer gesunden Seele nicht eigentlich unser Lebenssinn? Als wertvolle Ergänzung zu diesem Themenkreis betrachte ich das Buch von Dr. med. Rüdiger Dahlke, «Herzens-Probleme – Be-Deutung und Chance von Herz- und Kreislaufsymptomen», ein Buch, das ich jedem ernsthaft Suchenden wärmstens und «herzlich» empfehlen kann.

Wie funktioniert ein gesundes Herz?

Das Herz hat die Aufgabe, jede einzelne unserer vielen Millionen Körperzellen über die arteriellen Blutbahnen mit Blut und Sauerstoff zu versorgen, ihnen damit die lebensnotwendigen Nährstoffe zu bringen und andererseits die Stoffwechsel-«Schlacken» über den venösen Blutweg wieder mitzunehmen und der Ausscheidung zuzuführen.

Das Herz wiegt zwischen 300 und 500 Gramm und ist etwa so gross wie eine geballte Faust.

Das Herz tut seinen Dienst unermüdlich und ohne Pause: Innerhalb von 24 Stunden zieht es sich ungefähr 100 000-mal zusammen und pumpt dabei etwa 10 000 Liter Blut durch unsere Adern. Das sind rund 5 Liter Blut pro Herzschlag, und dies etwa 70-mal pro Minute oder über 4000-mal pro Stunde.

Das **Herz** pumpt das Blut von der linken Herzkammer über das arterielle Gefässsystem durch den Körper. Das Blut gelangt dann über das venöse Blutsystem zur rechten Herzkammer und von dort über die Lunge – frisch versorgt mit Sauerstoff – wieder in die linke Herzkammer zurück. Der Kreislauf kann von vorne beginnen.

Das Herz hat zwei **Ausgänge:** Der eine führt in die Lungen, wo das sauerstoffarme Blut mit dem zur Energiegewinnung in den Zellen notwendigen Sauerstoff aufgeladen wird. Der andere Ausgang versorgt das Herz selbst über die Herzkranzgefässe mit Blut.

Die **Herzklappen** als Ventile verhindern den Rückstau des Blutes ins Herz zurück.

Der **Herzrhythmus** wird durch den sogenannten **Sinusknoten** gesteuert, der als Schrittmacher direkt im Herzen sitzt.

Das Herz arbeitet in **zwei Zyklen:** Im Füllzyklus (Diastole) strömt das Blut in die Herzkammern ein, im Pumpzyklus (Systole) zieht sich der Herzmuskel zusammen und presst das Blut in die Hauptschlagader, die **Aorta,** hinaus. Die dadurch entstehende Druckwelle ist der **Pulsschlag,** der z.B. am Handgelenk oder an der Halsschlagader deutlich spürbar ist.

Über das **vegetative Nervensystem** steuert das Herz unseren Lebensrhythmus. Es ist selbst über das sogenannte Herzgeflecht mit den anderen vegetati-

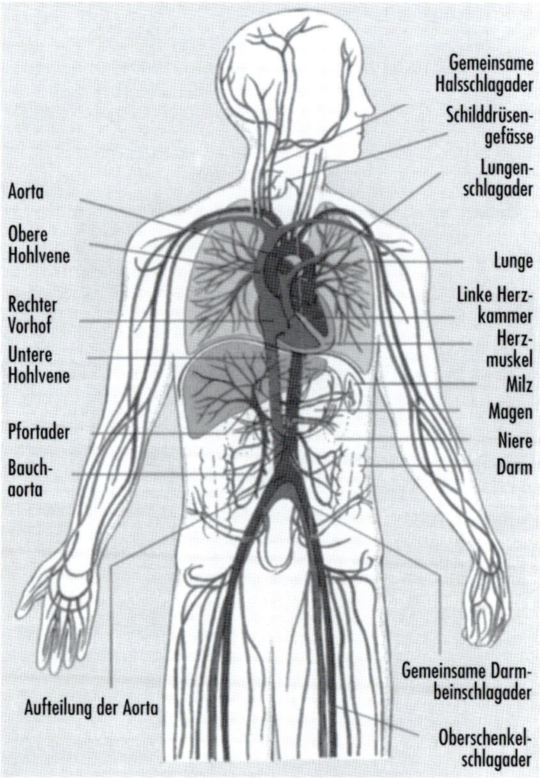

(aus: Schäffler/Schmidt, «Mensch, Körper, Krankheit», Jungjohann Verlag)

ven Nervenzentren verbunden, z.B. mit den die Verdauung steuernden Funktionen des Nervensystems.

Die Arterien, das Versorgungssystem unseres Körpers

Wie ein grosser Baum, der aus Stamm, grossen Ästen und kleinen Zweigen besteht, ist auch unser arterielles System aufgebaut. Vom Stamm der grossen Körperschlagader ausgehend, zweigen zu allen Organen Schlagadern ab und ziehen auch in Beine, Arme und natürlich zum Kopf. Die Verzweigungen werden immer vielfältiger und die Verästelungen immer feiner bis hinein in die sogenannten Arteriolen und Haargefässe, die **Kapillaren**.

Die grossen Blutgefässe bestehen aus drei Schichten:

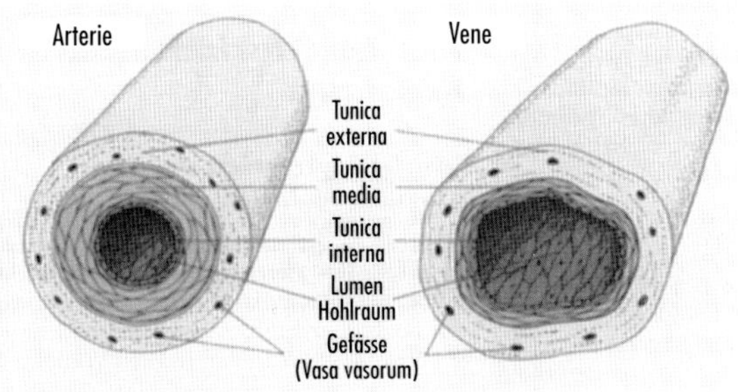

(aus: Schäffler/Schmidt, «Mensch, Körper, Krankheit», Jungjohann Verlag)

Die äussere Schicht (Tunica externa) ist eine Hülle aus Bindegewebe, die die Gefässwand schützt und ernährt. Die Schutzfunktion ist wichtig, denn die Arterien verlaufen im Körper oft in der Nähe von Gelenken mit Reibungspunkten. Die Reibung wird durch diese äussere, verschiebbare Schicht aufgefangen, damit die vitale Funktion der Arterie auf keinen Fall gestört wird. In der äusseren Schicht liegen auch die kleinen Gefässe, die mit ihrer Blutzufuhr diese Schicht selbst und auch die beiden folgenden Schichten ernähren.

Die mittlere Schicht (Tunica media) besteht bei den grösseren Arterien aus Muskelfasern, die ringförmig sind und dadurch den Durchmesser der Arterien verändern können. Auf diese Weise passen sich die Arterien einem unterschiedlichen Füllungszustand an und wirken regulierend auf den Blutfluss. Bei den kleineren Arterien besteht die mittlere Schicht aus glatter Muskulatur, während die ganz grossen Arterien aus kräftigen elastischen Fasern bestehen. Das vegetative Nervensystem steuert die Gefässweite der Arterien über die Muskulatur der mittleren Schicht.

Die innere Schicht (Tunica intima oder Endothel) ist praktisch die Auskleidung der Gefässe. Sie besteht aus einer Bindegewebsschicht, auf der ein feines, einschichtiges sogenanntes Plattenepithel aufliegt, das zur Förderung des Blutstroms eine hohe Gleitfähigkeit besitzt. Diese innere Schicht nimmt in unserem Körper insgesamt eine Fläche von 700 bis 1000 Quadratmetern ein!

Aufgrund seiner Beschaffenheit, Aufgabe und Funktion kann das Gefässsystem zwar vielfältige Störungen erleiden, es besitzt aber wegen seiner vitalen Bedeutung eine ausgesprochene Robustheit. Die Arterien bilden nicht ein starres Röhrensystem, sondern sind stets aktiv am Durchfluss des Blutes beteiligt und stehen mit diesem – auch was seine Zusammensetzung und Fliessfähigkeit betrifft – in einem lebendigen Zusammenhang.

Die heutigen Lebens- und Essgewohnheiten bringen es mit sich, dass das Blut als Abbauprodukt des üppigen Speiseplans unserer Wohlstandsgesellschaft in aller Regel zu viel Eiweiss und Fett transportieren muss. Die Probleme werden noch verschlimmert durch unsere Bewegungsarmut.

Herzkrankheiten

Die Herzkrankheiten haben wie alle Stoffwechselkrankheiten eine lange Entstehungsgeschichte. So war man bei Autopsien von Vietnam-Soldaten erstaunt festzustellen, dass die meisten von ihnen an beginnender bis fortgeschrittener Arteriosklerose gelitten hatten, obwohl sie alle jung gewesen waren und als gesund und leistungsfähig gegolten hatten. Ob die bestehende Arteriosklerose, die sicher weiter fortgeschritten wäre, später zu einem hohen Blutdruck, zu Angina pectoris oder gar zu einem Herzinfarkt geführt hätte, lässt sich nicht sagen. Tatsache aber ist, dass fast alle Herzkrankheiten mit einer Arteriosklerose einhergehen.

In einer jüngst erschienenen Veröffentlichung des Journals der amerikanischen Ärztegesellschaft wird von einer Studie berichtet, die bei 3000 verstorbenen oder verunfallten schwarzen und weissen Frauen und Männern im Alter von 15 bis 34 Jahren Fettablagerungen und Risse (Läsionen) in den Arterien untersuchte. Trotz des jungen Alters wiesen sämtliche Personen bis auf zwei weisse Männer solche krankhaften Veränderungen in den Arterien auf.

Dies zeigt auf, dass der Grundstein für Herz-Kreislauf-Erkrankungen bereits in der Jugend gelegt wird.

Die Arteriosklerose als Grundkrankheit von fast allen Herzkrankheiten

Der jahrelange Weg zur Arteriosklerose

Die Gefässwände sind dank der biegsamen Fasern der mittleren Schicht, der Tunica media, elastisch und können sich je nach Blutvolumen weiten und wieder zusammenziehen. Im Pumpzyklus des Herzens, der Systole (siehe Seite 10), dehnen sie sich aus, im Füllzyklus, der Diastole, ziehen sie sich zusammen.

Ihre Elastizität verdanken die Gefässe dem Stickstoffmonoxid (NO), welches in den Endothelzellen produziert wird. Es dringt in die Muskulatur ein, welche die Gefässe umschliesst, und bringt sie zum Erschlaffen. Dadurch werden die Gefässe dehnbar und elastisch. **Vitamin C und E** binden freie Sauerstoffradikale und **erhöhen dadurch den NO-Spiegel.** Die Vorstufe des Stickstoffmonoxids, das L-Arginin, verbessert die Funktion des Endothels. Bei jeder Arteriosklerose ist das Endothel, die Gefässinnenhaut, verletzt und kann nicht mehr genügend Stickstoffmonoxid produzieren. Die Folge ist, dass sich die Elastizität der Arterien verringert.

Wenn beispielsweise der Blutdruck steigt, können in der Herzkranzarterie die Innenschichten beschädigt werden; es entstehen kleine Risse (Läsionen) und sie wird durchlässig; Eiweiss und Fett in Form von Cholesterin dringen aus dem Blut in die Gefässwand. Solche Störungen aktivieren zunächst Stressgene, die ihrerseits die Produktion von Botenstoffen ankurbeln, die die Arterienwand weiter schädigen. Das alles spielt sich innerhalb von einigen Stunden ab, kann sich aber auch wieder vollständig zurückbilden.

Häufen sich jedoch die Störfälle, entsteht eine chronische Entzündung. Fresszellen des Immunsystems (Makrophagen) fressen die entstandenen toten Zellen und Cholesterin auf. Nach einer Weile sind sie so vollgestopft, dass sie selber die Gefässwand nicht mehr verlassen können und liegen bleiben. Aus ihnen entsteht dann an den betroffenen Zellen zunächst eine Verhärtung, eine sogenannte **Plaque.** Diese Plaques können schon bei Jugendlichen entstehen. Von Jahr zu Jahr setzen dann die Plaques neue Schichten an. Der Innendurchmesser, die lichte Weite, des Gefässes wird so immer kleiner. Von der Entstehung einer Plaque bis zu einer gefährlichen Einengung des Gefässes vergehen oft Jahrzehnte. (Die Entstehung der Ablagerungen wird genauer auf Seite 31 erklärt.) **Da man die krankhaften fettartigen Ablagerungen Atherome nennt, wird diese Erkrankung in Fachkreisen auch als Atherosklerose bezeichnet.**

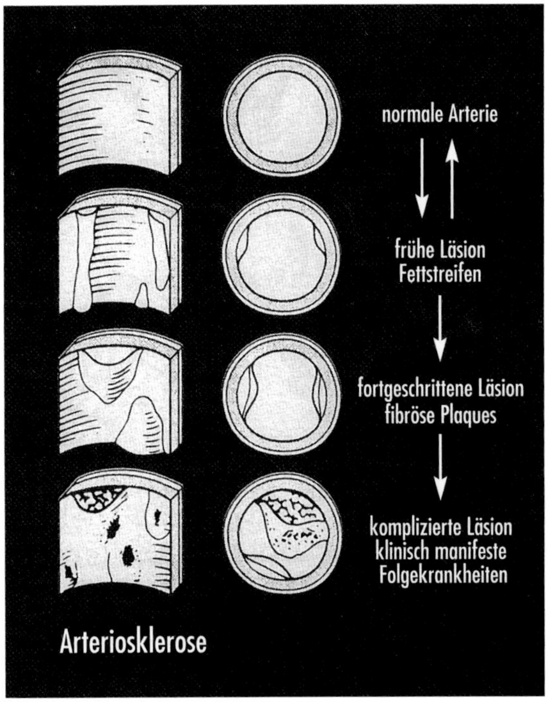

Arteriosklerose kann in allen Körperteilen auftreten

Ist die Herzkranzarterie (Koronararterie) von einer solchen Verengung betroffen und um mehr als 50 Prozent verengt, treten als erstes Alarmzeichen meist anfallsartige Schmerzen oder ein beklemmendes Engegefühl in der Brust auf (Angina-pectoris-Anfälle). Die Ablagerungen (Plaques) bilden ein Hindernis in der Koronararterie und erzeugen Turbulenzen: Der Blutstrom drängt verstärkt gegen die Gefässwand und kann sie aufreissen. So ein Riss (Läsion) ist wie eine frische Wunde: Blutplättchen und Gerinnungsfaktoren stürzen sich auf die Verletzung, um sie wieder zu schliessen. Über der defekten Stelle gerinnt das Blut, ein Blutgerinnsel (Thrombus) entsteht. Wird dieser Thrombus so gross, dass er die Arterie völlig verschliesst, stirbt das von diesem Gefäss versorgte Muskelgewebe innerhalb weniger Minuten ab: Ein **Herzinfarkt** ist entstanden.

Die Herzkranzgefässe haben am Abgang von der Hauptschlagader eine lichte Weite von nur etwa drei Millimetern, die sich im Verlauf des Gefässes natürlich ständig verringert, so dass schon geringfügige Ablagerungen zu einer relativ starken Gefässverengung führen. Ist ein Hauptast betroffen, tritt der sofortige Tod ein, was als **Herzschlag** bezeichnet wird. Je kleiner der betroffene Endast ist, um so geringer ist der Ausfall der Blutversorgung des Herzens und um so grösser ist die Chance des Überlebens, der Vernarbung und Ausheilung des betroffenen Herzbezirks.

Für jedes Organ gilt dasselbe: Wird die Blutversorgung durch Einengung infolge des arteriosklerotischen Prozesses behindert, kann das Organ seine Aufgabe nicht voll erfüllen. Kommt es im Gehirn zum Verschluss eines Gefässes, so tritt ein Zustand ein, den man als **Schlaganfall** bezeichnet. Betrifft der

Gefässverschluss ein Endgefäss am Fuss, so spricht man von Brand. Werden die Blutgefässe der Beine allmählich verengt, kann der Betreffende nur noch kurze Strecken gehen; man spricht von **Schaufensterkrankheit** oder **Claudicatio intermittens.** Spielt sich der krankhafte Prozess an den Gefässen des Auges ab, leidet das **Sehvermögen.** Ist ein Gefäss betroffen, das das Innenohr versorgt, treten **Ohrgeräusche** (Tinnitus) und Schwerhörigkeit auf. Sind die Lungengefässe betroffen, kommt es zu Atemnot in ähnlicher Weise wie bei einer Verminderung der Herzfunktion. Eine arteriosklerotische Veränderung an den Gefässen der Bauchspeicheldrüse kann zu **Zuckerkrankheit** führen. Sind die Nierengefässe befallen, kommt es zur Blutdruckerhöhung und Beeinträchtigung der **Nierentätigkeit.**

Krankheitsäusserungen der Arteriosklerose

Wie wir später bei den Risikofaktoren sehen werden (siehe Seite 19), gibt es sehr viele Anzeichen, die darauf hindeuten, dass sich ein arteriosklerotischer Prozess abspielt. Wir können ihn z.B. messen an der Erhöhung der Fette (Triglyceride), des Cholesterins und des Homocysteinspiegels, an einer Hyperfibrinogenämie oder auch an der Erhöhung des Blutdrucks. Diese Blutveränderungen sind aber **nicht Ursache der Arteriosklerose, sondern sichtbare Zeichen einer bereits vorhandenen Erkrankung.**

Dies ist von grosser Bedeutung, denn es zeigt, dass diese Symptome nicht einfach unterdrückt, sondern dass ihre Ursache behoben werden sollte – *und diese ist immer ein Mangel an bestimmten Nährstoffen.* Im Kapitel über Risikofaktoren wird auf die Ursachen der herzschädigenden Faktoren genau eingegangen.

Herzinfarkt

Unter einem Herzinfarkt versteht man die Schädigung eines Herzmuskelbezirks mit Absterben des Muskelgewebes. Auslösender Faktor hierfür ist nach gängiger Lehrbuchmeinung die Erkrankung der Herzkranzgefässe (Koronarinsuffizienz) beziehungsweise der sklerotisch bedingte Gefässverschluss einer Koronararterie (Schädigungen der Gefässe und deren Verstopfung durch Thromben), der in der Folge zu Blutleere und dadurch bedingt zum Absterben des Gewebes (Zellnekrose) führt.

Ursache können nach neueren Forschungsergebnissen aber auch krankhafte Stoffwechselvorgänge an den Innenschichten der linken Herzkammer sein, die dann zu einer Übersäuerung (= Azidose) und bis zum Infarkt führen können. Der Grund wäre dann eine mangelhafte Sauerstoffnutzung, die zum Sauerstoffmangel im Herzen führt.

Die Innenschichten der linken Herzkammer erfahren bei jeder Zusammenziehung des Herzmuskels den höchsten Druck von allen Teilen des Herzens. Die Versorgung mit Nährstoffen und Sauerstoff muss jeweils in der sehr kurzen Ruhepause zwischen zwei Herzschlägen, die nur 0,2 bis 0,3 Sekunden beträgt, erfolgen. Bestehen Stoffwechselstörungen, so reicht diese kurze Pause nicht zur Regeneration aus. In vermehrtem Masse ist dies der Fall, wenn bei erhöhtem Pulsschlag die Erholungspause auf 0,1 bis 0,15 Sekunden absinkt. Die dadurch entstandene Anreicherung von Säure in den Muskelzellen kann schliesslich durch eine Kettenreaktion zu einer explosionsartigen Ausbreitung des Zelltods führen, einem Zustand, der dann als Infarkt bezeichnet wird. Einer der wichtigsten Mineralstoffe, der Säuren zu neutralisieren vermag, ist Magnesium. Es handelt sich hier also, wie wir später noch oft sehen werden, um die Folge eines Magnesiummangels.

Wie gesagt gibt es mehrere Theorien über die Entstehung eines Herzinfarkts, und wie bei den meisten Krankheiten haben sie wahrscheinlich alle ihre

Eine WHO-Studie mit dem Namen «Monica» (für **moni**toring **ca**rdiovascular disease), an der 16 verschiedene europäische Studiengruppen teilnahmen, brachte es Ende der achtziger Jahre an den Tag: Es besteht eine enge, fast 100-prozentige umgekehrte Korrelation zwischen dem Antioxidantiengehalt im Blut, vor allem an Vitamin E, und dem Auftreten von Herzinfarkten. Menschen mit niedrigen Vitamin-E-Werten des Blutes starben früher an Herzinfarkt als jene mit einem hohen Vitamin-E-Spiegel. Die Beziehung erwies sich sogar als wesentlich enger als jene zwischen Herzinfarkt und hohem Cholesterinwert. Eine gute Versorgung mit den Antioxidantien Vitamin E, C und Beta-Carotin kann einen hohen Cholesterinspiegel kompensieren. Umgekehrt kann der schützende Effekt eines niedrigen Cholesterinspiegels durch gleichzeitig niedrige Antioxidantienwerte zunichte gemacht werden. Antioxidantien nehmen wir vor allem mit Früchten, Gemüsen, Nüssen, Keimlingen und kalt gepressten, nicht erhitzten Ölen zu uns.

Richtigkeit, da eine Krankheit immer multifaktoriellen Charakter hat.

Hoher Blutdruck

Jeder Herzschlag treibt den Blutdruck in die Höhe (= systolischer Druck), darauf folgt die erwähnte kurze Ruhepause von 0,2 bis 0,3 Sekunden, und dann sinkt der Blutdruck bei der Herzerschlaffung wieder ab (= diastolischer Wert). Der Abstand zwischen den beiden Werten von systolischem und diastolischem Druck – man spricht dann etwa von einem Wert von 140/90 – wird als Blutdruckamplitude bezeichnet. Je geringer die Amplitude, um so ungünstiger ist es für den Kreislauf.

Der Bluthochdruck, die Hypertonie (griech. hyper = übermässig, tonus = Spannung), verursacht keinerlei oder kaum wahrnehmbare Symptome. Ein erhöhter Blutdruck wird daher oft lange Zeit nicht erkannt. Niedriger Blutdruck unter 120/80 kann sich in Schwäche, Schlaffheit und Antriebslosigkeit zeigen.

Der Blutdruck ist aber nicht ein stabiler Faktor; er kann sich in grösseren Zeitabständen, manchmal von Tag zu Tag und je nach körperlicher Tätigkeit und Beanspruchung ändern. Er wird auch von seelischen Hochs und Tiefs beeinflusst und ist vor allem bei den äusserst dynamischen und aktiven Typus-A-Menschen oft erhöht. Gefährlich wird erst der dauerhaft erhöhte Blutdruck, z.B. durch Stress infolge unbewältigter beruflicher, geschäftlicher und privater Konflikte. Aber auch Menschen, die sich selber ständig überfordern und ihre körperliche Leistungsfähigkeit andauernd überschreiten, treiben durch die konstante Anspannung ihren Blutdruck in die Höhe.

Ein erhöhter Blutdruck ist nicht die Ursache von Herzkrankheiten, sondern ein Symptom einer bestehenden Erkrankung. Eine Gefässerkrankung kann mit einem erhöhten Blutdruck einhergehen, muss aber nicht. Im Verlauf einer Arteriosklerose kann es zu einem Herzinfarkt oder zu einer Blutdruckerhöhung kommen; beides sind Erscheinungsformen der Arteriosklerose, aber nicht ihre Ursache.

Die Ursachen einer Blutdruckerhöhung können vielfältig sein. Nach neuesten Forschungen kann ein erhöhter Blutdruck auch durch eine Störung der Bildung von Stickstoffmonoxid entstehen. Stickstoffmonoxid (NO) wird im Endothel gebildet (siehe Seite 12); es bewirkt eine Erweiterung der Blutgefässe und hemmt das Verkleben der Blutplättchen (Thrombozytenaggregation) und wirkt damit blutdrucksenkend und durchblutungsfördernd. Man nimmt heute an, dass eine beschleunigte Zerstörung von Stickstoffmonoxid mit freien Radikalen in Zusammenhang steht. Freie Radikale entstehen im Körper durch Stoffwechselreaktionen oder durch schädigende Substanzen aus der Umwelt, wie Tabakkonsum, Strahlung usw.

Die Behandlung eines erhöhten Blutdrucks liegt in der Beseitigung seiner Ursache, also z.B. der Störungen des vegetativen Nervensystems, von Stress, Arteriosklerose, einer Nierenerkrankung oder chronischer Überarbeitung. Für eine wirksame Behandlung ist es unabdingbar, die wahren Verursacher zu finden und auszuschalten.

Die renommierte medizinische Zeitschrift «Lancet» brachte im Juni 1998 einen Bericht über eine deutsche Untersuchung, die festgestellt hatte, dass die Benutzung von Mobiltelefonen über die Ausstrahlung von elektromagnetischen Feldern den Blutdruck des Benützers erhöhen könne. Durch eine erhöhte Sympathikus-Tätigkeit werde eine Zusammenziehung der Blutgefässe mit darauf folgendem erhöhtem Blutdruck hervorgerufen. Man wird in Zukunft den Einfluss der elektromagnetischen Felder, denen wir in zunehmendem Masse ausgesetzt sind, weiter untersuchen müssen, da der Mensch mit seinem sensiblen und hoch differenzierten Nervensystem sicherlich darauf reagiert oder zumindest viel Energie aufwenden muss, um diese Strahlungen verarbeiten zu können.

In der Vitalstofftherapie setzt man bei Bluthochdruck in erster Linie Magnesium und Kalium ein, zwei Mineralstoffe, die eng zusammengehören. Magnesium hat eine deutlich gefässerweiternde und damit blutdrucksenkende Wirkung. Aber auch das Kalium-Natrium-Verhältnis scheint von grosser Bedeutung zu sein. So ist es wahrscheinlich nicht der hohe Salzgehalt der industriell verarbeiteten Lebensmittel, der blutdrucksteigernd wirkt, sondern der Verlust an Kalium, der durch die industrielle Bearbeitung eintritt. Die industrielle Bearbeitung der Lebensmittel führt dazu, dass in unserer Nahrung Natrium und Kalium heute in einem Verhältnis von 3:1 vorliegen, währenddem sie bei unseren steinzeitlichen Ahnen, von denen wir die Stoffwechselmechanismen geerbt haben, bei 1:16 lagen, das heisst, heute konsumieren wir drei Mal mehr Natrium als Kalium, währenddem wir auf sechzehn Mal mehr Kalium als Natrium programmiert sind!

Kalium kommt im Stoffwechsel eine Schlüsselrolle bei der Blutdruckregulation zu. Wie Dr. Middeke, der Leiter der Ambulanz für Hochdruck- und Nierenpatienten an der Medizinischen Poliklinik der Universität München, sagt: «Meiden Sie vorgefertigte Lebensmittel.» Und ich empfehle ausserdem: Essen Sie möglichst viel frisches Obst und Gemüse, die viel Kalium und Magnesium enthalten.

Angina pectoris

Die «Herzenge» Angina pectoris ist ein Schmerz-**Symptom** bei einer bestehenden koronaren Herzkrankheit (Erkrankung der Herzkranzgefässe), die auf Grund der bekannten Risikofaktoren entstanden ist. Der Schmerz tritt auf, wenn sich die Herzkranzgefässe, die das Herz selbst mit Blut versorgen, verkrampfen.

Obwohl seit Jahrzehnten immer wieder Studien den wirksamen Einsatz von Magnesium zur Verhinderung der Verkrampfungen, aber auch zur Erweiterung der Blutgefässe belegen, werden in der Medizin viel eher Betablocker und Calciumantagonisten eingesetzt. Während durch Betablocker die Angriffsorte der Katecholamine (Botenstoffe des Nervensystems) blockiert werden, was bei erhöhter Katecholaminausschüttung eine erwiesen wirksame Therapie darstellt, kann durch Magnesium bereits die Freisetzung der Katecholamine selbst und damit der Prozess auf einer höheren Stufe blockiert werden. Dr. Dr. med. Armin Schroll von der Klinik für Herz- und Gefässchirurgie am Deutschen Herzzentrum München schreibt in einem 1992 veröffentlichten Artikel in «VitaMinSpur» (Fachzeitschrift für Vitamin- und Mineralstoff-Forschung) zu den Calciumantagonisten Folgendes: «Die Langzeittherapie mit Ca-Antagonisten erbrachte bislang keine Verringerung der Mortalität, wohl auch deswegen, weil dem gleichzeitigen Magnesiummangel der KHK-Patienten kaum Beachtung geschenkt wurde.» Und weiter: «Ca-antagonistische Effekte können auch durch Magnesium erreicht werden, weil der physiologische und natürliche Ca-Antagonist Magnesium in seiner Wirkung auf Gefässe und Myokard den Ca-Antagonisten gleichwertig, ihnen aber als physiologischer Bestandteil bezüglich der Nebenwirkungen hoch überlegen ist.»

Es soll hier kein Alleinanspruch der Wirksamkeit von Magnesium in der Therapie von koronaren Herzkrankheiten und Angina pectoris erhoben werden, vielmehr können sich z.B. bei gleichzeitiger Anwendung Nitrate und Magnesium vorteilhaft ergänzen. Tatsache aber ist, dass Magnesium besonders auch in der Angina-pectoris-Therapie eine hervorragende Wirkung hat, da es unabhängig von der Intaktheit des Endothels – das durch arteriosklerotische Veränderungen meist beschädigt ist – gefässerweiternd (vasodilatierend), also entkrampfend wirkt. Ausserdem wirkt Magnesium stimulierend auf andere gefässerweiternde Mechanismen, z.B. über Prostaglandin PGI 2 und Adenosin.

Herzrhythmusstörungen – wenn das Herz nicht im Takt ist

Wie bereits erwähnt, schlägt das Herz durchschnittlich 70 Mal pro Minute, das heisst, es zieht sich zusammen und pumpt dabei Blut durch unsere Adern. Der normale, gesunde Herzrhythmus ist leicht schwankend und flexibel auf die augenblickliche Situation eingestellt, das heisst, es schlägt zum Beispiel schneller bei körperlicher Arbeit, psychischer Anspannung wie Angst usw.

Das Herz und damit der Herzschlag wird gesteuert vom vegetativen Nervensystem über das Reizleitungssystem (Sinusknoten, Atrioventrikularknoten usw.), dessen Tätigkeit durch die Ableitungen des EKGs erfasst werden kann.

Das vegetative Nervensystem steuert vom Gehirn ausgehend alle unsere Körperorgane – auch das Herz – über zwei gegensätzliche Impulse:

Aktivierung des Sympathikus	Aktivierung des Parasympathikus (Vagus)
↓	↓
Überträgersubstanz Noradrenalin	Überträgersubstanz Acetylcholin
↓	↓
erhöht die Herzfrequenz erhöht die Kontraktionskraft	verringert die Herzfrequenz

Bei körperlicher Arbeit beispielsweise findet eine Aktivierung des Sympathikus statt, welche zu einer verstärkten Zusammenziehung (Kontraktion) des Herzens führt, und damit wird mehr Blut durch den Körper gepumpt. Unser Pulsschlag erhöht sich und normalisiert sich wieder, wenn wir uns ausruhen können.

Bei den **Herzrhythmusstörungen** (Arrhythmien) ist die Anpassungsfähigkeit an die momentane Situation gestört. Man spricht von drei Gruppen von Störungen:

- **Bradykardien** mit einer verlangsamten Schlagfolge von unter 60 Schlägen pro Minute
- **Tachykardien** (Herzrasen) mit einer gesteigerten Herzfrequenz von über 100 Schlägen pro Minute
- **Extrasystolen** mit Herzschlägen ausserhalb des Herzrhythmus. Das Herz gerät ins «Stolpern».

Herzrhythmusstörungen sind für den Betroffenen unangenehm und angstauslösend. Sie können verschiedene Ursachen haben. Zum Beispiel:

- Krankheiten am Herz selbst, z.B. Herzinfarkt, Herzentzündung (Myokarditis), angeborene Herzfehler
- hormonelle Störungen, z.B. Schilddrüsenüberfunktion (Hyperthyreose)
- Elektrolytstörungen (Mangel an Kalium und Magnesium)
- toxische Belastungen durch Medikamente, z.B. Digitalis, Betablocker, Antidepressiva, Diuretika
- nervliche Belastungen: Aufregung, Angst, vegetative Dystonie, hyperkinetisches Herzsyndrom (Angstgefühl mit übermässig beschleunigter Atmung), Herzneurose, hoher Kaffee- oder Alkoholkonsum

Neben den vom Arzt verordneten Mitteln gibt es eine Reihe von naturheilkundlichen Massnahmen. Geht es darum, ein «nervöses» Herz zu beruhigen, können Baldrian, Melisse, Passionsblume, Hafer und Johanniskraut in Form von Tropfen, Tabletten oder Tees zum Einsatz kommen. Altbekannt ist auch das Einreiben der Herzgegend mit Johanniskrautöl. Aber auch Spigelia, Besenginster und Blaustern gelten als besonders nützlich bei Rhythmusstörungen.

Selbstverständlich gibt es auch eine Reihe von homöopathischen Mitteln, die sich bei Herzrhythmusstörungen bestens bewähren.

Zur Verhinderung der Säureanreicherung im Herzmuskel auf eine basenreiche Kost mit viel Gemüse achten und andere entsäuernde Massnahmen (Basenpulver) vornehmen!

Eine weitere regulierende Massnahme ist die **Bauchatmung.** Allein durch die Ablenkung der Konzentration vom Brustraum auf den Bauch lösen sich oft Anspannung und Angst. Die Bauchatmung wirkt beruhigend und aktiviert den Vagus, der für Ruhe und Entspannung zuständig ist. Langzeitig gesehen sind auch Ausdauersportarten, die das Herz generell stärken, sehr empfohlen (z.B. Wandern, Radfahren, Schwimmen, Rudern).

Betrachten wir dieses Problem noch von einer anderen Seite: Gehen wir davon aus, dass der Körper und die Psyche eine Einheit bilden, könnte man auch sagen, dass beim Menschen mit Herzrhythmusstörungen auch der Lebensrhythmus nicht stimmt. Kurz gesagt: zu viel Anspannung, zu wenig Entspannung, zu viel Stress, zu wenig Musse, den Problemen davonrennen, statt sie zu lösen. Es gilt, dem Herzen und seiner Sprache zuzuhören und es nicht mit ununterbrochener Aktivität zu übertönen, die individuellen Eigenarten zu erforschen und zu leben und sich nicht der Masse anzupassen.

Es gibt noch zahlreiche weitere Erkrankungen des Herzens, wie z.B. Herzklappenfehler, Herzinnenhautentzündungen, «rheumatische» Herzmuskelerkrankungen, Aorteninsuffizienz, Narbenbildungen nach Infarkten, die in diesem Buch nicht behandelt werden können. Sie gehören wie alle Herzkrankheiten generell in die Hände eines Arztes.

Risikofaktoren, die das Herz bedrohen

Je mehr man sich mit Zusammenhängen des Stoffwechsels beschäftigt, desto mehr verfestigt sich die Gewissheit, dass nie ein einzelner Faktor eine Krankheit auslösen kann. Der Körper in seiner Ganzheit kann als ein von der Psyche gesteuerter Mechanismus betrachtet werden, der in sich perfekt ist und unzählige Möglichkeiten hat, vorübergehende Mängel, Beschädigungen, Belastungen usw. auszugleichen. Aus der chinesischen Medizin kennt man die Ansicht, dass alle Organe durch Energieaustausch miteinander verbunden sind und sich gegenseitig stärken, aber auch hemmen können. Das heisst mit anderen Worten nichts anderes, als dass ein einzelnes Organ nie für sich allein krank ist, sondern dass der ganze Organismus irgendwie an dieser Krankheit beteiligt ist.

Dank der wunderbaren Regulationskraft unseres Körpers braucht es auch immer mehrere krankheitsauslösende Faktoren, bis eben diese Regulationskraft nicht mehr ausreicht, um Schädigungen, Belastungen usw. auszugleichen, und der Körper dann durch Krankheit anzeigt, dass er ein ernst zu nehmendes Problem hat.

Durch die weltweite Bedeutung der koronaren Herzkrankheiten ist auch die Forschung sehr fortgeschritten und man kennt mittlerweile viele Risikofaktoren, die zu Herzkrankheiten führen können.

Risikofaktoren

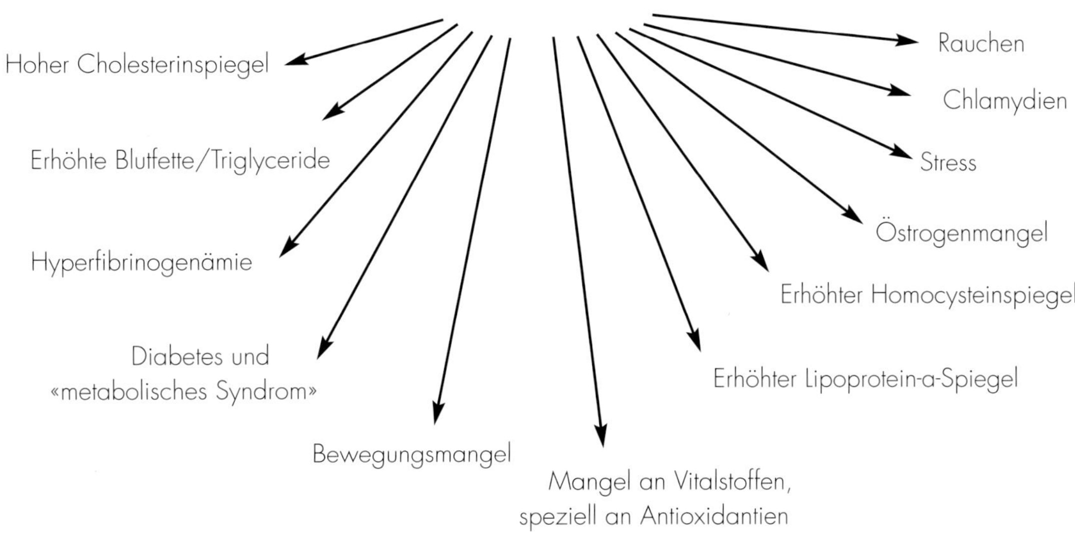

Von diesen Risikofaktoren sind die wenigsten Ursachen von koronaren Herzerkrankungen, sondern sie sind vielmehr Symptome für gestörte Stoffwechselfunktionen. So verursacht ein hoher Cholesterinspiegel niemals einen Herzinfarkt – aber er zeigt an, dass eine Arteriosklerose besteht mit der Gefahr der Thrombenbildung, die zum Herzinfarkt führen kann. Der Mangel an Vitalstoffen ist eindeutig eine Ursache von gestörten Stoffwechselleistungen, die zu koronaren Herzerkrankungen führen können, und zu viel tierisches Eiweiss ist unzweifelhaft die Ursache von verstopften Kapillargefässen und der daraus folgenden Minderdurchblutung der Organe einschliesslich des Herzens.

Die folgenden Kapitel erläutern diese Risikofaktoren genauer. Der ausführlichen Darstellung der Zusammenhänge folgt jeweils eine Zusammenfassung am Schluss des Kapitels.

Die Rolle der Vitalstoffe bei koronaren Herzerkrankungen

Es gibt auf dem Gebiet der Vitalstoffe oder der orthomolekularen Medizin unzählige Forschungen, die den Nutzen der Vitalstoffe in der Prophylaxe und bei der Behandlung von koronaren Herzerkrankungen beweisen. Es grenzt an einen Skandal, dass die Schulmedizin diese Ergebnisse nicht oder erst jetzt langsam zur Kenntnis nimmt – sind dies doch alles natürliche Substanzen, die frei von jeglichen Nebenwirkungen (was man von den sonst in diesen Fällen üblicherweise verordneten Medikamenten wirklich nicht sagen kann) ihren grossen Nutzen zeigen.

Eines ist klar: Die Behauptung, ein hoher Cholesterinspiegel führe zu Herzinfarkt und Fett sei gefährlich, ist zweifellos falsch. Welche Risikofaktoren schliesslich bei einem bestimmten Individuum zu einer koronaren Herzerkrankung führen, ist so individuell verschieden wie der Mensch selbst. Nichtsdestotrotz versuchen uns die Medien mit Millionen von Werbefranken zu überzeugen, dass wir einem hohen Cholesterinspiegel und der Gefahr, sofort tot umzusinken, nur durch den Kauf dieser Margarine oder jenes Aspirins entkommen können. Und eifrige Ärzte verschreiben eifrig Medikamente, die ihnen von Pharmavertretern mit offenbar guten Argumenten angepriesen wurden.

Werden solche Argumente lange genug wiederholt, erheben sie sich zum Glaubenssatz, der nur schwer vom Sockel zu stossen ist. Wayne Martin, ein amerikanischer Arzt, hat Jahrzehnte zurückliegende bis heutige Untersuchungen über den Zusammenhang zwischen Aspirin und Herzinfarkt sowie hoch ungesättigten Fettsäuren (Distelöl usw.) und Herzinfarkt verfolgt («Townsend Letters for Doctors and Patients», Januar 1998). Diese weltweit publizierten Untersuchungen und grossen Studien bewiesen zum Beispiel, dass die Einnahme von Aspirin oder das Konsumieren von hoch ungesättigten Fetten keinerlei Senkung des Herzinfarktrisikos erbrachten. Und obwohl diese Studien auch in hoch renommierten medizinischen Zeitschriften wie «The Lancet» und «New England Journal of Medicine» publiziert wurden – wie übrigens auch der Nutzen der Vitalstoffe in der Herzbehandlung –, hat sich bis heute kaum etwas an den immer noch verbreiteten Thesen zur Behandlung von Herzkrankheiten geändert.

Den heutigen Orthomolekularmedizinern und Nachfolgern Linus Paulings muss es wie Hohn erscheinen, wenn jetzt – Jahrzehnte nach dessen ersten Publikationen – die etablierte medizinische Fachpresse die Rolle von Vitamin C zur Verhütung von Herzerkrankungen wie eine neue Erkenntnis diskutiert. So fragte erst kürzlich die «Ärzte-Zeitung» in ihrem Aufmacher: «Gehört auch ein Vitamin-C-Mangel zu den koronaren Risikofaktoren?» Anlass für diese Frage war eine Studie, in der bei Personen mit vermindertem Vitamin-C-Spiegel im Blut eine erhöhte Sterblichkeit an Herzerkrankungen ermittelt worden war. Die Tatsache, dass sich die konventionelle Medizin über viele Umwege nun der Orthomolekularmedizin annähert, ist jedenfalls zu begrüssen, zumal sie dem Patienten wirksame, preiswerte und nebenrisikofreie Behandlungsmöglichkeiten zur Verfügung stellt. Ein Blick in die Arbeiten Linus Paulings und andere Forschungergebnisse der Biochemie könnte allerdings weitere längst überfällige Massnahmen auf diesem Gebiet erheblich beschleunigen.

Ganz langsam also entdeckt auch die Medizin die Vitalstoffe, und es ist erfreulich zu sehen, wie sie neu erfindet, was in der Biochemie und in der orthomolekularen Medizin schon seit Jahrzehnten erforscht und in weltweiten Studien erhärtet wurde:

1. Ohne eine ausreichende Versorgung mit Vitalstoffen läuft in unserem Körper nichts oder es läuft nicht richtig.
2. Die beste Versorgung mit Vitalstoffen geschieht über eine gesunde, vitalstoffreiche Ernährung aus vollwertigen, frischen und möglichst unverarbeiteten Lebensmitteln.
3. Ist es nicht möglich, sich optimal zu ernähren, z.B. bei häufigem Auswärtsessen, ist es sinnvoll, zusätzliche Vitalstoffpräparate einzunehmen.
4. Ausserdem ist es möglich, durch hohe Dosen von Vitalstoffen bestimmte Stoffwechselprozesse im Sinne einer Verbesserung und eines Ausgleichs zu steuern.

Geht man den Stoffwechselerkrankungen – und dazu gehören auch Herzkrankheiten – auf den Grund, so stösst man immer auf den gleichen Befund: Bekäme der Körper alles, was er für seine Stoffwechselfunktionen braucht, nämlich wertvolle komplexe Kohlehydrate, wertvolle Fette, wertvolle Eiweisse und die nötigen Vitalstoffe (Vitamine, Mineralstoffe und Spurenelemente, essenzielle Fettsäuren, sekundäre Pflanzenstoffe usw.), dann könnte man theoretisch nicht krank werden. Vieles, was wir heute konsumieren, erspart uns durch Vorverarbeitungsprozesse zwar Zeit beim Kochen, wurde dabei aber weitgehend seiner Vitalstoffe beraubt. Das heisst mit anderen Worten: Wir haben Nahrungsmittel im Überfluss zur Verfügung, aber die zur Verstoffwechslung nötigen Vitalstoffe fehlen weitgehend.

Herz-Kreislauf-Erkrankungen entstehen nicht von heute auf morgen. Bis es zum gefürchteten Infarkt oder zum Schlaganfall kommt, vergehen in der Regel Jahre, oft Jahrzehnte. Die Risikofaktoren sind meistens Stoffwechselstörungen, denen ein **Vitalstoffmangel** zugrunde liegt. Aus der Sicht der orthomolekularen Medizin sind dies insbesondere:

Vitamine: Vitamin C, E, A, Betacarotin, B_1, B_2, B_3, B_6, B_{12}, D, K und Folsäure, Panthotensäure, Biotin

Mineralien und Spurenelemente: Magnesium, Kalium, Zink, Selen, Eisen, Kupfer, Chrom, Mangan, Molybdän

Fettsäuren: Omega-3-Fettsäuren

Vitaminoide: Carnitin, Q10

Sekundäre Pflanzenstoffe (bioaktive Substanzen) wie Flavonoide usw.

Vitamine

Stickstoffmonoxid (NO) spielt für eine gesunde und elastische Gefässwand eine besondere Rolle (siehe

Seite 15). **Vitamin C und E** sind dabei besonders wichtig, weil sie den Stickstoffmonoxidspiegel erhöhen, indem sie freie Sauerstoffradikale binden. Um die ausserordentlich wichtige Rolle dieser beiden Vitamine weiss man schon lange.

So bewies schon der zweifache Nobelpreisträger Linus Pauling, dass die Hauptfunktion von **Vitamin C** darin liegt, geschädigte Blutgefässe zu reparieren. Ausserdem senkt es den Cholesterinspiegel, insbesondere jenen des LDL-Cholesterins, senkt den Anteil der Triglyceride und erhöht jenen des HDL-Cholesterins. Es senkt sowohl den Lipoprotein-a-Spiegel wie auch denjenigen von Fibrinogen.

Vitamin E verdünnt das Blut und verhindert damit die Blutverklumpung, ausserdem ist es ein Antioxidans (siehe rechte Spalte).

Vitamin A ist ein Antioxidans, stabilisiert die Blutmembranen und verringert die Folgen eines Schlaganfalls.

Vitamin B_1 verbessert die Zellfunktion, wichtig z.B. bei Herzinsuffizienz.

Vitamin B_2 optimiert die Zellfunktion, senkt den Homocysteinspiegel und fängt freie Radikale.

Vitamin B_3 (Nicotinamid) senkt den Blutgehalt an Lipoprotein-(a), reguliert den Fettstoffwechsel, beugt der Zuckerkrankheit vor.

Vitamin B_6 optimiert die Zellfunktion, senkt den Homocysteinspiegel, verringert Thromboembolien.

Vitamin B_{12} senkt den Homocysteinspiegel.

Folsäure senkt den Homocysteinspiegel.

Pantothensäure (B_5) reguliert den Fettstoffwechsel.

Vitamin D wirkt vermutlich blutdrucksenkend und verbessert die Insulinproduktion, gut bei Herzschwäche.

Vitamin K reguliert die Blutgerinnung.

Biotin optimiert die Zellfunktion.

Betacarotin fängt freie Radikale.

Die Rolle der Antioxidantien im Speziellen

Wie Sie im Kapitel Cholesterin (Seite 28) sehen werden, ist es nicht die Konzentration des Gesamtcholesterins, sondern jene des oxidierten LDL-Cholesterins, welche einen wesentlichen Risikofaktor für Arteriosklerose darstellt. Wenn Fresszellen des Immunsystems (Makrophagen), die sich im gesamten Körper verteilen und sich auch an den Oberflächen der Arterien befinden, oxidierte LDL-Partikel und andere Fette aufnehmen, verwandeln sie sich in sogenannte «Schaumzellen», die die gefährlichen Plaques auf den Arterienwänden bilden. Die Oxidation entsteht durch Sauerstoffradikale, die im Körper (endogen) bei zahlreichen Stoffwechselreaktionen entstehen oder von aussen (exogen) durch schädigende Substanzen aus der Umwelt, Tabakkonsum, Strahlung usw. verursacht werden. Vor einer Oxidation durch freie Radikale wird das LDL vor allem durch die Vitamine E, C, durch Betacarotin und die sekundären Pflanzenstoffe geschützt.

Oxidative Prozesse beschädigen Zellen und können die Bildung von sogenannten Schaumzellen, die letztlich zu Plaques und damit zu Arteriosklerose führen, vergrössern. Antioxidantien schützen die Zellen und auch Fette vor diesen schädlichen Prozessen. Antioxidantien sind vor allem die Vitamine Betacarotin, C und E, die Spurenelemente Zink, Selen, Mangan und die sekundären Pflanzenstoffe.

In der Wirkung der Antioxidantien liegt auch die Empfehlung begründet, täglich ein Glas Wein zum Essen zu trinken, enthält doch der Wein Flavonoide, Procyanide und Salicylsäure, alles Stoffe, die eine positive Wirkung auf die Herzfunktionen haben.

Die Bedeutung von Magnesium und Kalium

Magnesium ist der am vierthäufigsten vorkommende Mineralstoff (Elektrolyt) im menschlichen Körper. Innerhalb der Zellen nimmt es neben Kalium die zweite Stelle ein. Über 300 Enzyme werden durch Magnesium aktiviert, was die ausserordentliche Bedeutung dieses Mineralstoffs zeigt. Ein Magnesiummangel führt zu einem relativen Calciumüberschuss und dadurch zu Muskelkrämpfen, einer Beschleunigung des Auftretens koronarer Herzerkrankungen, Arrhythmien bis hin zum plötzlichen Herztod. Der Zusammenhang zwischen Kalium- und Magnesiummangel in den Herzmuskelzellen und den Gefässwandzellen und deren Veränderungen beziehungsweise Schäden sind durch zahlreiche Studien belegt.

Als besonders wirksam zur Vorbeugung von Herzinfarkten, zur Verhütung von Absterben von Herzmuskelgewebe (Myokardnekrosen) und bei koronaren Herzkrankheiten haben sich Verbindungen von Kalium und Magnesium mit Asparaginsäure erwiesen. Die sich daraus ergebenden Salze wie Magnesium-Aspartat plus Kalium-Aspartat sind bewährte Mittel der Wahl.

Gute Magnesiumquellen sind vor allem Vollkorn, Bohnen, Erbsen, Linsen, Nüsse, Sesam und frisches grünes Gemüse. Manche Mineralwasser enthalten eine wesentliche Menge Magnesium.

Gute Kaliumquellen sind vor allem Früchte, speziell Datteln, Aprikosen, Bananen, aber auch Gemüse und Rindfleisch.

Die Bedeutung von Omega-3-Fettsäuren

Hat man früher in Bezug auf die Senkung des Cholesterinspiegels und andere Wirkungen zum Schutz des Herzens besonders die Wichtigkeit der Omega-6-Fettsäuren, wie sie in Distelöl, Sonnenblumenöl, Maiskeimöl usw. vorkommen, hervorgehoben, weisen die Forschungen der letzten Jahre je länger, je mehr auf die für koronare Herzkrankheiten viel grössere Bedeutung der Omega-3-Fettsäuren hin, wie sie in Fisch, Leinöl oder Fischölkapseln (Omega-3-Kapseln oder sogenannten Epa-Caps) vorkommen.

So ist erwiesen, dass Omega-3-Fettsäuren
- Triglyceridspiegel senken
- Verengungen der Herzkranzgefässe verhindern
- hohen Blutdruck senken
- die Durchblutung generell verbessern
- die Gefahr von Blutgerinnseln vermindern
- einer Arterienverkalkung entgegenwirken
- den Stressdruck vermindern

und das **ohne Nebenwirkungen!**

Omega-3-Fettsäure-Kapseln können sowohl zur Prophylaxe wie auch zur Behandlung von bestehenden koronaren Herzerkrankungen eingesetzt werden.

Ein besonders günstiges Verhältnis von Omega-3- und Omega-6-Fettsäuren haben:

Fischöl	Leinöl
Rapsöl	Walnussöl
Sojaöl	Weizenkeim
Olivenöl	Butter

Eher zu meidende Öle sind:

Palmöl	Erdnussöl
Maisöl	Sonnenblumenöl
Distelöl	Diätmargarine

Die Bedeutung der Vitaminoide Q10 und Carnitin

Der Körper hat grundsätzlich zwei Möglichkeiten, Energie zu gewinnen: Er kann Fett oder Zucker verbrennen. Zucker liefert in der Regel kurzfristig Energie und ist dann angebracht, wenn es auf schnelle Leistung ankommt. Da der Herzschlag aber etwas sehr Konstantes und Regelmässiges ist, bezieht der Herzmuskel seine Kraft aus der Fettverbrennung: Um Fett in den «Kraftwerken» der Körperzellen verbrennen zu können, braucht es zwei Substanzen: das vitaminähnliche Q10 und Carnitin.

Egal, ob Fett- oder Zuckerverbrennung in einer Zelle stattfinden soll, nötig ist dazu in jedem Fall Sauerstoff. Ohne ihn kann keine Verbrennung ablaufen. Auch für den Sauerstoff braucht es eine Transportsubstanz: **Q10.** Diese Substanz kommt überall vor – gerade, weil sie so wichtig ist. Mikroorganismen wie Pilze und Bakterien enthalten ebenso Q10 wie Pflanzen und alle tierischen Zellen. Weil Q10 den nötigen Sauerstoff für die Energiegewinnung im Herzen liefert, bringt eine Nahrungsergänzung mit Q10 bei Herzerkrankungen häufig sehr gute Erfolge.

Q10 ist in vielen Lebensmitteln enthalten, besonders in Ei, Fleisch und Fisch. Der Körper kann es aber auch selbst herstellen. Wie zur Carnitinproduktion braucht er allerdings auch hierzu Helfernährstoffe wie die B-Vitamine, Folsäure und Niacin. Wie viel Q10 der Mensch täglich braucht, ist bis heute noch nicht geklärt. In der täglichen Nahrung stecken durchschnittlich etwa 10 mg. Trotzdem nimmt der Q10-Gehalt im Körper mit zunehmendem Lebensalter ab; bereits ein Vierzigjähriger hat nur noch drei Viertel so viel Q10 in seinen Zellen wie ein Zwanzigjähriger.

Ausgerechnet dann, wenn es am meisten benötigt würde, produzieren wir also weniger Q10 – nämlich im Alter. Hinzu kommt, dass moderne Cholesterinsenker wie die Substanzen «Lovastatin» und Verwandte ebenfalls die körpereigene Q10-Produktion bis zu 75 Prozent senken, wodurch sich die Herzleistung verschlechtert. Einen unerwünschten Effekt haben auch entwässernde Medikamente, sogenannte Diuretika. Sie werden oft bei Herzschwäche verordnet, um das sich in den Geweben ansammelnde Wasser auszuschwemmen. Zugleich befördern diese Medikamente aber leider auch die für Herz und Kreislauf wichtigen Mikronährstoffe aus dem Körper.

Um das zu verbrennende Fett für die Energiegewinnung in die Zellen hineinzubringen, braucht der Körper **Carnitin.** Der Körper kann Carnitin selber aus zwei Aminosäuren herstellen. Dazu benötigt er als Hilfssubstanzen Eisen, Vitamin C, Vitamin B_6 und Niacin. Auch in der Nahrung steckt Carnitin, vor allem im Fleisch. Ernährt man sich ausgewogen, ist der Körper normalerweise auch mit genügend Carnitin versorgt. Stimmen aber Ernährung und die körpereigene Produktion nicht, kann ein Carnitinmangel entstehen. Menschen mit einer unzulänglichen Herzfunktion, einer sogenannten Herzinsuffizienz, leiden häufig unter einem Mangel an Carnitin.

Die Einnahme von Q10 und Carnitin als Ergänzung der Behandlung mit den üblichen «Herzmitteln» eröffnet einen zusätzlichen (und kausalen) therapeutischen Einsatz, nämlich die Optimierung der Energiegewinnung im Herzmuskel (Myokard) als Basis der Therapie. Dies führt zu einer Verbesserung der Belastungstoleranz, einer Verringerung von Angina-pectoris-Anfällen und zu weniger Arrhythmien. Auch bei chronischer Herzinsuffizienz, wie z.B. beim Altersherz, wird dadurch eine signifikante klinische Besserung erreicht.

Die besondere Rolle der sekundären Pflanzenstoffe

Sekundäre Pflanzenstoffe – auch bioaktive Substanzen genannt – sind in der Volksmedizin seit der Antike in Form von Lebensmitteln und Heilkräutern bekannt.

Heute kennen wir die Inhaltsstoffe der Pflanzen, die für die heilenden und gesundheitsfördernden Eigenschaften verantwortlich sind. Zu den bioaktiven Substanzen zählen die Ballaststoffe, die für den Körper und für die Verdauung der Nahrung keine Belastung, sondern eine Entlastung darstellen. Die Wirkstoffe in fermentierten Lebensmitteln wie Sauerkraut und Joghurt sind immer noch nicht alle bekannt, aber ihre günstigen Wirkungen auf den Stoffwechsel sind unumstritten. Schliesslich gibt es die grosse Gruppe der sogenannten sekundären Pflanzenstoffe, die nach der Photosynthese im sekundären Stoffwechsel der Pflanzen gebildet werden, die aber eine grosse Bedeutung für unsere Gesundheit haben, können Sie doch das Risiko von Infektionen, Krebs und Herzkrankheiten deutlich senken.

Es handelt sich um Geschmacks- und Farbstoffe sowie Schutz- und Regulationsstoffe, die auch sinnlich wahrgenommen werden können. Darin liegt ein unschätzbarer Vorteil gegenüber anderen Nahrungsinhaltsstoffen, z.B. den Vitalstoffen, die wir nicht sehen, riechen oder schmecken können und deren Gehalt nur durch chemische Analyse zu erfahren ist.

Bei den sekundären Pflanzenstoffen handelt es sich um chemisch ganz unterschiedliche Verbindungen. Um den Überblick zu bewahren, hat man sie in neun grossen Gruppen zusammengefasst, die jeweils einen ähnlichen chemischen Aufbau oder ähnliche Wirkungen haben (siehe folgende Seite).

Diese bioaktiven Substanzen sind vor allem in Getreide, Gemüse und Früchten enthalten, was erklären mag, warum **Vegetarier rund 50 Prozent weniger Herzerkrankungen haben,** wie eine über zwölf Jahre verfolgte Studie an über 6000 Vegetariern bewies.

Und noch etwas zeigen die Forschungsresultate mit diesen bioaktiven Substanzen: Das Ganze ist mehr als die Summe seiner Teile, das heisst, wir können wohl einzelne lebensnotwendige Stoffe, wie z.B. Vitamine, Mineralstoffe und Enzyme, isolieren und in Pillenform einnehmen, und diese zeigen dann auch eine grosse Wirkung, aber dennoch haben wir damit noch nicht alle Substanzen eingenommen, die ein frischer Apfel, eine frische, sonnengereifte Tomate uns als Ganzes liefern. Deswegen ist eine Ernährung mit frischen Grundprodukten die besten Gewähr dafür, dass alle diese Substanzen täglich zu uns nehmen. (Siehe Kapitel Ernährung, Seite 49.)

Einige dieser sekundären Pflanzenstoffe sind hitzeempfindlich, andere wiederum befinden sich vorwiegend in den Randschichten, weshalb die Zubereitungsart darüber entscheidet, wie viele dieser wertvollen Substanzen schliesslich auf dem Teller landen. Es gilt also für diese wertvollen Produkte:

- möglichst einen Teil davon roh konsumieren
- möglichst nicht schälen, nur gründlich waschen und falls nötig bürsten
- kurz garen, möglichst dünsten oder über Dampf garen oder im Wok zubereiten

Name	Vorkommen	Wirkung
Carotinoide	Farbstoffe in gelb-orangem und grünblättrigem Gemüse und Obst wie Karotten, Kürbis, Tomaten, Grünkohl, Blattsalat, Broccoli, Spinat und Aprikosen	**Schützen vor schädlichen Oxidationen und Herzinfarkt,** stärken das Abwehrsystem, hemmen die Entstehung von Krebs.
Glucosinolate	Geschmacksstoffe in Rettich, Kresse, Senf und allen Kohlarten	Beugen Infektionen vor, hemmen die Entstehung von Krebs.
Phytoöstrogene	Sojabohnen, Getreide, Kohlgemüse und Leinsamen	Beugen hormonabhängigen Krebsarten wie Brust-, Gebärmutter- und Prostatakrebs, aber auch Dickdarmkrebs vor.
Phytosterine	in Samen wie Sonnenblumenkernen, in Nüssen, Sesam und kaltgepressten Ölen	Verringern das Dickdarmkrebsrisiko.
Polyphenole: Flavonoide	in der Schale von roten, violetten und gelben Obst- und Gemüsesorten, wie Kirschen, Beeren, Äpfeln, Rotkohl, Kartoffeln und Zwiebeln	Schützen vor Infektionen,hemmen die Entstehung von Krebs, **beeinflussen die Blutgerinnung.**
Polyphenole: Phenolsäuren	in den Randschichten von Getreide, Nüssen, aber auch in Tee und Kaffee	Hemmen das Wachstum von Bakterien und Viren, **schützen vor schädlichen Oxidationen und Herzinfarkt.**
Protease-Inhibitoren	in eiweissreichen Pflanzen wie Hülsenfrüchten, Kartoffeln, Getreide	Beugen Krebs vor.
Saponine	in Hülsenfrüchten wie Sojabohnen und Kichererbsen	**Senken den Cholesterinspiegel,** stärken die Abwehrkräfte, verringern das Dickdarmkrebsrisiko.
Sulfide	schwefelhaltige Substanzen in Knoblauch, Zwiebeln und Lauch	Beugen Infektionen vor, **senken den Cholesterinspiegel, schützen vor schädlichen Oxidationen, beeinflussen die Blutgerinnung, beugen Herzinfarkt vor,** hemmen das Krebsrisiko.
Ballaststoffe	in allen Obst- und Gemüsearten, Getreide, Hülsenfrüchten und Samen	**Senken den Cholesterinspiegel,** beugen Darmkrebs vor, regulieren den Blutzuckerspiegel.
Milchsäurebakterien	in Joghurt, Dickmilch, Sauerkraut	Verringern das Dickdarmkrebsrisiko, stärken das Immunsystem, beugen Durchfallerkrankungen vor.

Das Herz kann nur dann optimal arbeiten, wenn es mit allen wichtigen Nährstoffen wie Vitaminen, Mineralstoffen, essentiellen Fettsäuren, sekudären Pflanzenstoffen und den Energielieferanten Q10 und Carnitin versorgt wird.

Eine Unterversorgung mit diesen orthomolekularen Stoffen über längere Zeit resultiert automatisch in einer verminderten Gesundheit aller Gefässe im Allgemeinen und der Herzkranzgefässe im Speziellen.

Diese wertvollen Stoffe liefert uns vor allem der tägliche Konsum von Getreide, Gemüse und Früchten. Sie mögen einer der wichtigsten Gründe dafür sein, dass Vegetarier rund 50 Prozent weniger Herzerkrankungen haben.

Wie steht es nun wirklich mit dem Cholesterin?

Kaum ein Stoff wurde in der Medizin so zu Unrecht und so anhaltend beschuldigt, zu Arteriosklerose zu führen, wie das Cholesterin. Seit Jahren versuchen unzählige Studien zu beweisen, dass ein hoher Cholesterinspiegel Hand in Hand mit einem hohen Herzinfarktrisiko geht, andere Studien beweisen das Gegenteil. Es gibt Studien, die beweisen, dass cholesterinsenkende Medikamente die Herzinfarktrate deutlich vermindern, und es gibt Studien, die beweisen, dass sie dies nicht tun, sondern im Gegenteil diese Rate erhöhen. Was soll man nun glauben? Am besten betrachten wir die biochemischen Vorgänge, bei denen das Cholesterin eine Rolle spielt – und wir werden dabei feststellen, dass paradoxerweise, wie Dr. med. G. Ohlenschläger, ein Arzt mit umfassenden Kenntnissen in der Biochemie, in seinem Buch «Schach dem Herzinfarkt» beschreibt, **ein hoher Cholesterinspiegel nicht schädlich ist und ein niedriger nicht gesund …**

Das **Cholesterin** ist eine so wichtige Substanz für den täglichen Stoffwechsel, dass der Körper davon etwa 140 Gramm speichert, 40 Gramm davon allein im Gehirn. Der Körper stellt selbst täglich 2–3 Gramm Cholesterin aus Glukose (Zucker) oder Gallensäuren her. Zum Vergleich: Über die Nahrung nehmen wir nur 0,3–0,7 Gramm pro Tag auf! **Weil der Körper selbst das Cholesterin in grosser Menge produziert, hat der kleine Anteil, den die Ernährung liefert, langfristig praktisch keinen Einfluss auf den Cholesterinspiegel!** Isst man vorübergehend mehr Cholesterin als die zur Gesundheitsvorsorge propagierte Menge, schaltet sich ein natürlicher Regulationsmechanismus ein, durch den der Körper selber weniger Cholesterin produziert. Essen wir zu wenig Cholesterin, wird die körpereigene Produktion angekurbelt.

Cholesterin aus der Nahrung tierischer Herkunft (Pflanzen enthalten kein Cholesterin)

Cholesterin wird in der Leber (zu 50%), im Darm und in der Haut gebildet

wird benötigt zur Bildung von:
Gallensäure (in der Leber),
Steroidhormonen und
ist Baustein für Zellmembranen

Cholesterin ist nicht gleich Cholesterin

Cholesterin ist eine wasserunlösliche Fettsubstanz, die vom wässrigen Blut nur dann aufgenommen werden kann, wenn sie sich an ein wasserlösliches Transportvehikel bindet. Dazu dienen bestimmte Eiweisse, auch **Apoproteine** genannt. Beide zusammen bilden das, was man als Lipoprotein bezeichnet. Je nachdem, ob diese **Lipoproteine** viel oder wenig Fett enthalten, haben sie eine hohe oder niedrige Dichte.

Man unterscheidet zwischen:

VLDL-Lipoproteinen (Very-low-density-lipoprotein), die hauptsächlich aus Triglyceriden (Fett) mit einem sehr geringen Cholesterinanteil bestehen,

den **herzschädlichen** Lipoproteinen mit **niederer Dichte** und hohem Cholesterinanteil **= LDL-Cholesterin** (Low-density-lipoprotein) ↘	den **herzfreundlichen** Lipoproteinen mit **hoher Dichte** und niedrigem Cholesterinanteil **= HDL-Cholesterin** (High-density-lipoprotein) ↙

Der **Gesamtcholesterinspiegel** ist die Summe aus beiden.

Das LDL-Cholesterin – **besonders das oxidierte LDL-Cholesterin** (siehe Transfettsäuren, Seite 35) – verursacht gefässverengende Ablagerungen an den Arterienwänden; das HDL-Cholesterin hat dagegen eine gefässschützende Wirkung. Es kann das gefässschädigende LDL-Cholesterin aus dem Blut und wahrscheinlich sogar aus den Gefässwänden entfernen. Ein hoher HDL-Cholesterinspiegel im Blut ist deshalb wünschenswert.

Normalwerte:

VLDL (Triglyceride): bis 200 mg/dl
Gesamtcholesterin: 140–200 mg/dl
LDL-Fraktion: weniger als 155 mg/dl
HDL-Fraktion: mehr als 45 mg/dl

Erhöhter Lipoprotein-(a)-Spiegel

Wie wir gesehen haben, transportieren Lipoproteine das Cholesterin. Es gibt noch ein besonderes Lipoprotein, Lp (a) genannt, das ein eigentlicher Arterienkleber ist. Bei Verletzungen in den Blutgefässen – wobei die Gefässe in Herznähe besonders stark beansprucht sind – kommt ein fein ausgewogener Reparaturmechanismus in Gang, der dafür sorgt, dass die Gefässwand wieder instand gesetzt wird. Dabei wird die Gefässverletzung zunächst mit Blutplättchen abgedichtet. Anschliessend stabilisiert der Körper die geschwächten Zellstrukturen durch Anlagerung von Lp (a).

Enthält das Blut allerdings zu viel Lp (a), hat das schlimme Folgen: Es kommt zu unnötigen und gefässverengenden Ablagerungen und Verdickungen an den Gefässwänden. Zusätzlich regt ein hoher Lp-(a)-Spiegel das Zellwachstum in der Arterienwand an und stört die Auflösung von Blutgerinnseln. **Man**

hat festgestellt, dass viele Herzinfarktpatienten einen hohen Lp-(a)-Spiegel im Blut aufwiesen. Man hat aber auch festgestellt, dass der Körper nur dann zu viel Lp (a) bildet, wenn ihm Vitamin C fehlt.

Vitamin C erfüllt wichtige Funktionen beim Aufbau von Bindegewebe. Kollagen und Elastin, die Hauptbaustoffe des Zellgewebes kann der Körper nur unter Vitamin-C-Mitwirkung bilden. Sind die Gefässzellen schwach und verletzt, benötigen sie für den Reparaturprozess grössere Mengen an Vitamin C. Steht dieses aber nicht in ausreichender Menge zur Verfügung, nutzt der Körper statt dessen Lp (a), das er selbst herstellen kann. Das hat dann allerdings die bekannten negativen Auswirkungen, nämlich Ablagerungen und Verdickungen innerhalb der Arterien.

Was führt zu Cholesterinstoffwechsel-Störungen?

Es gibt drei Hauptfaktoren, die zu Cholesterinstoffwechsel-Störungen führen: Ein gestörter Leberstoffwechsel, Cholesterinablagerungen in den Gefässen und ein erblich bedingter hoher Cholesterinspiegel (familiäre Hypercholesterinämie).

Der Leberstoffwechsel

Ein erhöhter Gesamtcholesterinwert mit niedrigem HDL und erhöhtem LDL ist selten durch eine hohe Zufuhr tierischer Fette verursacht, sondern viel häufiger durch die Störung der physiologischen Lebertätigkeit.

Die Leber ist mit einem Gewicht von rund 1500 Gramm die grösste Drüse in unserem Organismus. Sie besteht aus einer riesigen Menge von Leberzellen, die wahre Stoffwechselwunder vollbringen, indem sie chemische Umbauarbeiten vornehmen, Stoffe speichern, wiederverwerten und freisetzen. Die Leber produziert aber auch täglich fast einen Liter Gallensaft, der mit seinen Gallensäuren (Grundbaustein: Cholesterin!) für die Aufspaltung (Emulgierung) und Aufnahme von Fett so wichtig ist. Sie ist somit auch eine Drehscheibe des Cholesterinstoffwechsels: Bildung von Cholesterin und Verwertung des Cholesterins für die Gallenbildung.

Für die Gallenbildung und damit für die Verwertung des Cholesterins benötigt die Leber unter anderem Bitterstoffe, die wir uns über das Essen von bitteren Gemüsen zuführen. In den letzten Jahren wurden den meisten Gemüsesorten die Bitterstoffe weitgehend weggezüchtet mit dem Resultat, dass viele Menschen Probleme mit der Fettverdauung bekommen haben, sie Fett nicht mehr «vertragen». Wo zu wenig Galle produziert wird, wird auch wenig Cholesterin umgebaut, was sich dann in einem erhöhten Cholesterinspiegel zeigt.

Eine gesunde Leber ist Voraussetzung für einen gesunden Cholesterinstoffwechsel.

Die Symptome bei Leberstörungen sind:

- Fettunverträglichkeit, Völlegefühl und Stuhlträgheit als Zeichen mangelnden Gallenflusses
- Oberbauchbeschwerden, Blähungen, heller Stuhl
- Alkoholunverträglichkeit
- Schlafstörungen mit Erwachen nachts zwischen Mitternacht und 3 Uhr (Leberzeit)
- starke Stimmungsschwankungen, Müdigkeit, Abgespanntsein
- Gefühl des «Vergiftetseins» durch mangelnde Entgiftungsleistung
- Hautunreinheiten im Gesicht und am Rücken
- erhöhter LDL- und niedriger HDL-Cholesterinspiegel

Leberschädigende Faktoren sind:

- übermässiger Alkoholkonsum (Begünstigung von Fettleber und Leberzirrhose)
- Medikamentenintoxikation (besonders durch Schmerz- und Rheumamittel, aber auch durch Kortisontherapien)
- Umweltgifte (Schwermetalle, Amalgam, Lösungsmittel usw.)
- Vitaminmangelzustände, besonders des B-Komplexes, durch Fehlernährung
- Mangel an Bitterstoffen in der Nahrung (zahlreiche Bitterstoffe wurden aus dem Gemüse weggezüchtet!)
- Stoffwechselgifte wie die Schimmelpilzgifte Aflatoxin und Ochratoxin
- bestehende Stoffwechselkrankheiten wie Diabetes oder Rechtsherzinsuffizienz
- psychovegetative Einflüsse (Ärger, Stress)

Leberunterstützende Massnahmen sind:

- **Vitamine** der B-Gruppe
- **Gemüse,** die Bitterstoffe enthalten:
  z.B. Chicorée, Artischocken, Endiviensalat, Rucola (Rauke), Rosenkohl, roter oder grüner Cicorino, Catalogna (grosser italienischer Löwenzahn)
- **Pflanzliche Stoffe** in Form von Tees, Urtinktur oder Kombinationspräparaten:
  Schöllkraut (Chelidonium majus)
  Löwenzahn (Taraxacum officinale)
  Mariendistel (Silybum marianum, Carduus marianum)
  Erdbeerblätter (Fragaria vesca)
  Weinrebe (Vitis vinifera)
  Odermennig (Agrimonia eupatoria)
  Wermut (Artemisia absinthium)

Es liegt auf der Hand, dass es bei Störungen des Cholesterinspiegels in erster Linie darum geht, die leberschädigenden Faktoren zu erkennen und durch geeignete Massnahmen auszuschalten.

Die Entstehung von Cholesterinablagerungen (Plaques) in den Gefässen

Plaques sind Ablagerungen von Cholesterin und anderen Substanzen an der Innenwand der Blutgefässe, der Tunica intima.

Das LDL kann die Intima, die Innenschicht der Arterie, durchdringen und sich in der mittleren Schicht ablagern. Dort wird das LDL von Fresszellen des Immunsystems (Makrophagen) aufgenommen – es entstehen Schaumzellen, die bei grösserer Ansammlung sogenannte Fettstreifen (Fatty streaks) bilden. Gleichzeitig wandern glatte Muskelzellen in die Intima ein. Nachdem sich glatte Muskelzellen und Makrophagen vermehrt haben und sich unlösbare Fibrinfäden angelagert haben, stirbt ein Teil der fettbeladenen (lipidbeladenen) Zellen ab, und es entstehen extrazelluläre Fettablagerungen (fibröse Plaques). **Die eingelagerten Lipide stammen vor allem von oxidiertem LDL.** Die oben genannten Makrophagen, welche die gefürchteten «Schaumzellen» bilden, haben wenig Rezeptoren (Empfangs- oder Andockstellen) für LDL, wohingegen das oxidierte LDL leicht aufgenommen wird.

Diese Plaques wiederum bewirken eine Ablagerung von Calcium, so dass sich die Blutgefässe verhärten und weiter verengen – die umgangssprachliche Bezeichnung «Arterienverkalkung» ist also durchaus zutreffend. Die Plaques verengen die Blutgefässe und hemmen somit die Blutzirkulation.

Ein erhöhter Wert des **oxidierten** LDL-Cholesterins kann also zu Plaques führen und damit zu Arteriosklerose, Angina pectoris und schliesslich zum Herzinfarkt. Schon seit vielen Jahrzehnten ist der Zusammenhang zwischen der Vitamin-C-Zufuhr und Arteriosklerose beziehungsweise Plaquebildung bekannt. So berichteten Forscher bereits 1973 in der renommierten Wissenschaftszeitschrift «Lancet», dass Patienten mit Arteriosklerose bei einer täglichen Gabe von 1,5 Gramm Vitamin C sogar eine Rückbildung der gefährlichen Gefässverengung aufwiesen.

Neben Vitamin C wird auch der Omega-3-Fettsäure, vor allem enthalten in Fisch oder Fischölkapseln und in Leinöl, eine cholesterinsenkende Wirkung nachgesagt. Ausserdem hilft sie, die Zellmembranen der Blutgefässe elastisch zu behalten. (Näheres im Kapitel Triglyceride, Seite 32.)

Familiäre Hypercholesterinämie

Die Hypercholesterinämie besteht in einer Verminderung (sogenannte heterozygote Form) oder einem Fehlen (sogenannte homozygote Form) jener Rezeptoren, die die LDL-Partikel in die Zellen einschleusen. Die Leber ist das Organ, das die Menge des zirkulierenden Cholesterins regelt: Wenn zu viel Cholesterin durch die Zellen geht, bauen die Zellen einen Teil davon ab, wenn zu wenig Cholesterin durch die Zellen geht, bauen sie Cholesterin auf. Beim LDL-Stau aufgrund eines Mangels an Rezeptoren geht weniger LDL durch die Leberzelle, was die Zelle als LDL-Mangel empfindet. Dies hat zur Folge, dass die Leberzellen Cholesterin aufbauen und in den Darm schicken, damit es sich mit Fett zu LDL bindet und in den Blutkreislauf kommt, so dass der LDL-Gehalt im Blut wieder normal wird.

Die Therapie der Hypercholesterinämie bei Rezeptormangel ist nach Brown und Goldstein (Nobelpreisträger der Medizin 1985 für die Entdeckung der familiären Hypercholesterinämie) eine streng vegetarische Kost, die nicht nur eiweissreduziert, sondern auch fettarm sein muss.

Die regelmässige Einnahme von Vitamin C und Fischöl senkt den Gesamtcholesterinspiegel und erhöht den Gehalt an wertvollem HDL-Cholesterin.

Antioxidantien verhindern die Oxidierung des LDL-Cholesterins. Essen Sie deshalb täglich viel Früchte und Gemüse, die diese antioxidativen Stoffe enthalten. Oder nehmen Sie Antioxidantien in Form von Tabletten ein.

Die Leber als «Drehscheibe» des Cholesterinstoffwechsels ist für ihre Tätigkeit besonders auf Vitalstoffe angewiesen. Nehmen Sie täglich eine niedrig dosierte Multivitamin-Mineralstoff-Tablette, und essen Sie täglich genügend Bitterstoffe in Form von bitterem Gemüse wie z.B. Endivien, Brüsseler Chicorée, Artischocken, Cicorino rosso oder verde. Oder nehmen Sie für eine ausreichende Gallenbildung die pflanzlichen Bitterstoffe in Form von Tabletten oder Tropfen (z.B. Hepatodoron oder Mariendistel). Bitteraperitife (Campari, Cynar, Wermut), vor dem Essen eingenommen, sind nützlich für die Gallebildung, noch empfehlenswerter sind natürlich die alkoholfreien Artischocken-Aperitife aus dem Reformhaus.

Was bedeuten Triglyceride? Oder die zwei Seiten des Fetts

Wenn wir etwas Fettes essen, sei dies Salami, Käse oder Schokolade, nehmen wir Triglyceride ein. So wie das Cholesterin hat auch das Fett seine zwei Seiten: Zum einen ist es unentbehrlich für einen gesunden Stoffwechsel, andererseits kann es Ursache von Stoffwechselstörungen sein.

Fett ist nicht gleich Fett: Es gibt Fette, die heilen, und andere, die krank machen.

Fette dienen dem Organismus als Energiespeicher und Energielieferanten wie auch als Bestandteil der Zellmembran. Sie sind auch Vorläufer einer Vielzahl von Botenstoffen, unter anderem von Hormonen, und stimulieren oder hemmen zum Beispiel auch entzündliche Prozesse im Körper. In unserer Haut bilden sie eine Barriere gegen Feuchtigkeitsverlust und machen sie weich, geschmeidig und samtig. Sie dienen auch als Transportvehikel für die fettlöslichen Vitamine – kurzum, sie sind für unser Wohlbefinden unabdingbar.

Fette – auch **Lipide** genannt – sind Glycerinmoleküle, an denen jeweils drei Fettsäuren hängen, daher auch die Bezeichnung Triglyceride. Auf dem Weg durch unser Verdauungssystem werden die Triglyceride «verdaut», das heisst zerlegt in Glycerin und Fettsäuremoleküle, und können als solche die Darmwand passieren. Dann werden sie gleich wieder zusammengefügt zu Triglyceriden und in Chylomikronen verfrachtet, eine Art Transportmittel, mit dessen Hilfe sie im Lymphstrom und später im Blutstrom transportiert werden können. Die Triglyceride werden zur Leber transportiert, wo sie zusammen mit Cholesterin in kleinere Transportvehikel, die sogenannten VLDL-Partikel, geladen werden. Diese «Very-low-density-lipoproteins» (= VLDL), fetthaltige Eiweisspartikel sehr niedriger Dichte, transportieren dann die Triglyceride zusammen mit dem Cholesterin von der Leber ins Fettgewebe. **Cholesterin ist im Gegensatz zu den Fettsäuren kein Brennstoff, sondern ein Baustoff!** Auf dem Weg in die Fettdepots steigen aus den VLDL-Vehikeln immer wieder Triglyceride aus, zum Beispiel wenn Zellen Fettsäuren zur Verbrennung brauchen. An den Blutgefässen hängen zu diesem Zweck wie Grannen fettspaltende Enzyme, die Lipasen, die die Fettsäuren vom Glycerin abkoppeln. Dabei werden die VLDL-Vehikel immer leerer und enthalten schliesslich mehr Cholesterin als Triglyceride; sie werden daher LDL-Partikel

(= low density lipoprotein) genannt. Im Fettgewebe angekommen, steigen die verbliebenen Triglyceride aus und werden in Fettzellen eingelagert.

Andere Zellen wiederum werden mit dem Baustoff Cholesterin versorgt. Jede Zelle trägt Antennen, sogenannte Rezeptoren, die den Bedarf an Cholesterin signalisieren. Der «Fahrer» des Transportvehikels erkennt den Bedarf, steuert den Rezeptor an und «betankt» die Zelle mit Cholesterin. Gleichzeitig drosselt diese ihre eigene Cholesterinproduktion. Wenn wir geboren werden, tragen unsere Zellen viele LDL-Rezeptoren. Bedingt durch die reichliche Cholesterinzufuhr nehmen diese im Laufe unseres Lebens ab. Denn wenn reichlich Cholesterin vorliegt, brauchen die Zellen weniger Antennen zum Anlocken von cholesterinhaltigen LDL-Partikeln. Die Zellen der erwachsenen Wohlstandsbürger der westlichen Welt verfügen nur noch über 75 Prozent der ursprünglichen Ausstattung an LDL-Rezeptoren. Das bedeutet auch, dass sie weniger Cholesterin aus dem Blut aufnehmen. Dafür aber produzieren sie mehr eigenes Cholesterin. Die Cholesterin-Eigenproduktion ist also beim Erwachsenen höher als beim Kind. Eine erhöhte Cholesterin-Eigenproduktion bedeutet aber wiederum, dass weniger Cholesterin aus der Nahrung gebraucht wird, also aus dem Blut weniger Cholesterin durch die Zellen aufgenommen wird. Dies hat zur Folge, dass die LDL-Partikel ihre Cholesterinfracht nicht loswerden, und dies ist neben der gestörten Leberfunktion ein weiterer Grund dafür, dass der Cholesteringehalt im Blut ansteigt.

Fettsäuren, die von den Zellen nicht benötigt werden, etwa weil bei wenig körperlicher Betätigung kein Energiebedarf besteht, werden wieder zur Leber zurücktransportiert. Dort werden sie wieder zu Triglyceriden zusammengebaut und zusammen mit Cholesterin in VLDL-oder LDL-Vehikel verladen und gelangen von da wieder ins Gewebe, wo der Kreislauf von neuem beginnt. Das heisst, je mehr nicht verbrannte Fettsäuren im Umlauf sind und je mehr Fett wir essen, desto höher wird der Cholesteringehalt.

Die Fettsäuren lassen sich in 3 Gruppen unterteilen:

- die gesättigten Fettsäuren
- die einfach ungesättigten Fettsäuren
- die mehrfach ungesättigten Fettsäuren

Zu welcher Gruppe eine Fettsäure zählt, hängt von ihrer chemischen Struktur ab.

Gesättigte Fettsäuren sind Butter, Kokosfett, Palmöl, tierisches Fett aus Fleisch und Fisch.

Einfach ungesättigte Fettsäuren finden sich im Olivenöl.

Mehrfach ungesättigte Fettsäuren sind in Maiskeimöl, Traubenkernöl, Sojaöl, Sonnenblumenöl, Distelöl enthalten.

Im Gegensatz zu früheren Thesen weiss man heute, dass alle drei Gruppen von Fettsäuren für unseren Körper wichtig sind. Es ist auch hier das Zuviel, das uns schadet, und vor allem das Zuwenig an essenziellen Fettsäuren, also das Verhältnis der beiden zueinander.

Weiter unterscheidet man essenzielle und nicht essenzielle Fettsäuren, das heisst Fettsäuren, die der Körper nicht selbst, und solche, die er selbst herstellen kann. Die essenziellen Fettsäuren sind Linolsäure (Omega-6) sowie α-Linolensäure (Omega-3). Seitdem man die Aufgaben der ungesättigten Fettsäuren im Körper erkannt hat, entdeckt man auch immer mehr Krankheiten, die, vereinfacht dargestellt, aus einem Mangel oder einem Ungleichgewicht der Omega-6- oder der Omega-3-Fettsäuren entstehen. Omega-6-Fettsäuren kommen in erster Linie in pflanzlichen Ölen, wie Sonnenblumenöl oder Distelöl, und Omega-3-Fettsäuren vor allem in Fisch und in beschränktem Mass auch in Pflanzen vor.

Bereits seit längerem ist bekannt, dass mehrfach ungesättigte Fettsäuren der Omega-3-Familie einen positiven Einfluss auf Herzerkrankungen haben. So wurde in verschiedenen Studien bei Herzpatienten, die ein Medikament mit Fischöl einnahmen, eine deutliche Verminderung der Sterblichkeitsrate festgestellt. Dies wird von Wissenschaftern zum Teil auf die dadurch bewirkte Normalisierung des Herzrhythmus wie auch auf eine Arterienerweiterung zurückgeführt. An einer Konferenz zum Thema der «Highly unsaturated fatty acids in nutrition and disease prevention» in Barcelona 1997 wurde unter anderem festgehalten, dass zum einen durch grössere Mengen an Omega-3-Fettsäuren im Blut die Zellmembranen der Blutgefässe eine erhöhte Elastizität erhalten und dass diese zum anderen auch den LDL-Gehalt erniedrigen und den HDL-Gehalt erhöhen.

Das Verhältnis ist wichtig

Der Körper stellt aus den beiden Fettsäuren Omega-3- und Omega-6-Gewebshormone her, die an zahlreichen Stoffwechselprozessen beteiligt sind. Diese Gewebshormone heissen **Eicosanoide.** Aus Omega-3-Fettsäuren entstehen andere Eicosanoide als aus den Omega-6-Fettsäuren. Sie stehen miteinander in einem empfindlichen Gleichgewicht.

Grob gesagt ist es so, dass die Eicosanoide aus den Omega-6-Fettsäuren eher entzündungsfördernd wirken und die Blutgerinnung beschleunigen, also das Blut zähflüssiger machen. Gegenspieler dieser entzündungsfördernden Substanzen sind die Eicosanoide aus den Omega-3-Fettsäuren. Sie wirken Entzündungen entgegen und machen das Blut flüssiger. Das wünschenswerte Verhältnis dieser beiden Fettsäuren liegt bei 5:1, das heisst fünf Mal mehr Omega-6-Fettsäuren als Omega-3-Fettsäuren. Das heutige Verhältnis liegt aber bei 20:1 bis 25:1, was entschieden ungünstig ist, da das Übermass an Omega-6-Fettsäuren die Omega-3-Fettsäuren blockiert. Man erklärt sich dieses ungünstige Verhältnis damit, dass das Fleisch wild lebender Tiere, und besonders von Fischen, wesentlich mehr Omega-3-Fettsäuren enthält als das Fleisch von Zuchtvieh.

Omega-6-Fettsäuren (Linolsäure) helfen bei:

- Ekzemen und ekzemartigen Hautausschlägen
- trockener Haut und trockenen Haaren
- Haarverlust
- Prämenstruellem Syndrom (Menstruationsbeschwerden)

Sie sind vor allem enthalten in Distelöl, Sonnenblumenöl, Maiskeimöl, Sojaöl.

Omega-3-Fettsäuren (Alpha-Linolensäure) helfen bei:

- chronischen Entzündungen, wie z.B. Polyarthritis, Colitis ulcerosa, Morbus Krohn (Darmentzündungen)
- erhöhter Neigung zu Thrombosen, da das Blut flüssiger wird, der Gehalt an Fibrinogen sinkt
- hohem Blutdruck: der Blutdruck sinkt, da die Blutgefässe weiter werden
- hohen Cholesterinwerten: der Gehalt an herzschützendem HDL-Cholesterin steigt, und der Gehalt an schädlichem LDL sinkt
- der Gehalt an Klebersubstanz Lipoprotein (a) sinkt
- mentalen Störungen
- Augenproblemen

Sie sind enthalten in Leinöl und Leinölkapseln, Rapsöl, Fisch und Fischölkapseln.

Erhöhte Triglyceridwerte, eine sogenannte Hypertriglyzeridämie, treten besonders bei schwerem Übergewicht (Adipositas) und beim Metabolischen Syndrom auf (siehe Kapitel Zucker, Seiten 37, 38). Weitere Ursachen können in chronischem Alkoholismus liegen, indem die Leberstörung zu den erhöhten Triglyceridwerten führt, oder bei chronischer Niereninsuffizienz. Aber auch medikamentöse Therapien mit Östrogenen, Betablockern, Steroiden oder Thiaziddiuretika können zu VLDL-Erhöhungen führen. Die erhöhten Triglyceridwerte wie auch erhöhte Cholesterinwerte sind also immer Symptome einer anderweitig zu suchenden Störung.

Transfettsäuren

Butter und Schmalz sind von Natur aus fest und streichfähig, und sie sind eher teuer. Pflanzliche Öle sind flüssig, dafür aber billig, und reizten deshalb seit je, die teurere Butter zu ersetzen. Man griff zu einem Trick, indem man die Fettsäuren der Pflanzenöle durch eine sogenannte Hydrierung mit Wasser anreicherte. Das Resultat ist Margarine. Dabei werden durch den Verarbeitungsprozess, insbesondere durch Erhitzung, bis zu 30 Prozent der ungesättigten Fettsäuren zu sogenannten Transfettsäuren. Die Margarine wird dann zwar als «hergestellt aus ungesättigten Fettsäuren» verkauft, tatsächlich aber wirkt sie wie gesättigtes Fett. Unser Körper aber kann diese Transfettsäure nur wie eine gesättigte Fettsäure verwerten. Transfettsäuren (hydrogeniert oder teilweise hydrogeniert) kommen fast überall in der **von der Lebensmittelindustrie verarbeiteten Nahrung** vor: in Brot, in Süssigkeiten wie Kuchen und Keksen, in Müsliriegeln, Crackers, Instantsuppen, Schokolade, Desserts und vor allem in Chips, Pommes frites und Fertiggerichten. Die Transfettsäuren wurden eine Zeitlang als Hauptrisikofaktoren für koronare Herzerkrankungen vermutet. In der Zwischenzeit aber ergab sich, dass sie nicht anders als andere gesättigte Fettsäuren auf den Stoffwechsel wirken. Ihr Schaden liegt vor allem darin, dass sie in diesen Lebensmitteln **in grosser, und vor allem in versteckter Form** vorhanden sind; der Esser realisiert überhaupt nicht, wie viel Fett er in Form von Cracker, Chips usw. zu sich nimmt.

Oxidierte Fette und der Wert der Antioxidantien

Fette wirken sich vor allem dann negativ aus, wenn sie an Oxidationsprozessen beteiligt sind. Zur Oxidation kommt es nicht nur bei der Energieerzeugung im Körper, sondern auch bei der Lagerung und Verarbeitung von Lebensmitteln. Nahrungsmittel oxidieren, wenn sie bei Zimmertemperatur der Luft ausgesetzt sind. Beispiel: ranzige Frühstücksflocken, ranzige Nüsse. Aber auch beim Abhängenlassen, Räuchern und Pökeln, wie es bei der Herstellung von Würsten, Schinken und Käse üblich ist, entstehen oxidierte «ranzige» Fette. Trockeneipulver und Trockenmilchprodukte (einschliesslich Saucenpulver, Beutelsuppen, Fertigbackmischungen) sind ebenfalls oxidierte Nahrungsmittel.

Die Fette und das «französische Paradox»

Seit ich mich mit der Ernährung im Allgemeinen und mit dem Stoffwechsel im Besonderen befasse, fällt mir auf, dass die Wissenschaft ständig versucht, die Häufigkeit von Krankheiten am hohen oder niedrigen Konsum einer Substanz zu messen. Die weltweit durchgeführten Studien sind dabei zum Teil so widersprüchlich, dass schliesslich kaum eine der Thesen wirklich auf die Länge aufrecht erhalten werden kann. Je mehr diese natürlich mit wirtschaftlichen Interessen korrelieren, desto mehr Geld wird in ihre

Verbreitung gesteckt, bis sie schliesslich zum Dogma werden.

Ein gutes Beispiel hierfür ist die seit Jahrzehnten propagierte «Prudent»-Diät. Untersuchungen ergaben, dass die Einnahme von hoch ungesättigten Fettsäuren, wie sie beispielsweise in Distelöl oder Maiskeimöl vorliegen, den Cholesterinspiegel leicht senken konnte. Damit begann der Siegeszug dieser Pflanzenöle und Margarinen gegenüber Butter und Olivenöl, welche beide eher wenig dieser hoch ungesättigten Fettsäuren enthalten. Ausserdem verlangte die Prudent-Diät die Einschränkung des Konsums von rotem Fleisch. Tatsache aber ist, dass in Ländern mit hohem Konsum von Margarine und Ölen mit hohem Gehalt an hoch ungesättigten Fettsäuren die Herz-Kreislauf-Erkrankungen viel höher sind als in Ländern, in denen überwiegend Olivenöl und tierische Fette konsumiert werden, wie es zum Beispiel in den Mittelmeerländern der Fall ist. So haben etwa die Franzosen ungefähr denselben Fettkonsum wie die Amerikaner. Sie haben sogar noch einen leicht höheren Cholesterinspiegel als diese, und auch ihr Blutdruck ist im Durchschnitt höher. Und doch erleiden sie nur etwa einen Drittel so viel Herzinfarkte! Man möchte dieses Paradox durch den höheren Weinkonsum mit den vielen Antioxidantien erklären. Viele heben die Schutzwirkung des Olivenöls hervor, den Mehrkonsum an Gemüse mit den darin enthaltenen Mineralstoffen und Antioxidantien – und nicht zuletzt die ausgedehnte Mittagspause, die das Nervensystem beruhigt. Sicher ist es nicht ein einzelner Faktor, sondern die Summe aller «herzfreundlichen» Massnahmen und gewiss auch die gemütlichere Lebensweise, die dafür verantwortlich sind.

Indem wir viele Nahrungsmittel essen, die reich an Antioxidantien sind – zum Beispiel Früchte und besonders Gemüse – können wir das Risiko der Oxidationsprozesse im Körper begrenzen oder sogar vermeiden. Sicher sollten wir die oben genannten Nahrungsmittel meiden. Und: Essen Sie Butter statt Margarine!

Fett ist nicht gleich Fett

Fett ist nicht zum vornherein schädlich. Wie immer entscheiden Quantität und Qualität darüber, ob ein Fett für uns nützlich ist und die Stoffwechselfunktionen unterstützt oder ob es schadet. Benötigt wird Fett vor allem als Energiespeicher und Energielieferant. Fett ist Bestandteil der Zellmembranen und Vorläufer einer Vielzahl von Botenstoffen. Es bewirkt auch, dass unsere Haut geschmeidig ist.

Alle Fette, sowohl pflanzlichen wie tierischen Ursprungs (z.B. Butter), sind, solange sie naturbelassen und nicht industriell verarbeitet wurden, für unseren Körper nützlich. Man sollte sie aber alle mit Mass geniessen und möglichst wenig erhitzen. Erst im Übermass genossen, werden sie für unseren Körper zum Problem. Dazu tragen vor allem die versteckten Fette in Fertigprodukten (Pommes frites, Kuchen, Gebäck, Snacks aller Art und Fertiggerichte) bei.

Am nützlichsten zur Vorbeugung und Behandlung von Herz-Kreislauf-Erkrankungen sind die Omega-3-Fettsäuren, wie sie z.B. in Fisch und Leinöl vorkommen. Man sollte deshalb etwa zwei Mal pro Woche Fisch essen oder die Omega-3-Fettsäuren über Fischöl- oder Leinölkapseln zu sich nehmen.

Was hat der Zucker mit Herzkrankheiten zu tun?

Wie bereits gesagt, kann ein gestörter oder erhöhter Fettstoffwechsel auch den Kohlenhydratstoffwechsel zum Entgleisen bringen. Glukose ist der Baustein, aus dem alle Kohlenhydrate unserer Nahrung bestehen. Im Verdauungsprozess werden die Kohlenhydrate – der Zucker in den Süssigkeiten ebenso wie die Stärke im Brot oder in den Kartoffeln – zu Glukose zerlegt, denn nur so kann sie der Körper verwerten. Für ihn ist die Glukose unter anderem ein Brennstoff zur raschen Energiegewinnung. Die Energiegewinnung aus Fett dauert etwas länger. Wenn Marathonläufer am Abend vor ihrem grossen Lauf Berge von Spaghetti verschlingen, tun sie nichts anderes, als leicht verfügbaren Glukose-Brennstoff anzuhäufen, den der Körper wiederum in Form von Glykogen speichert. Das steht dann den Muskelzellen gleichsam als «Kleinholz» zur Verfügung. Damit kann der arbeitende Muskel rascher ein «Feuer entfachen» und Energie gewinnen als aus Fettsäuren. Etwa 400 Gramm Glykogen kann unser Körper normalerweise speichern. Hat er seinen Energiebedarf gedeckt und die Glykogenspeicher aufgefüllt und wird darüber hinaus keine Glukose als Baustoff für Zellbestandteile benötigt, wandelt er die Glukose in Fett um und lagert dieses im Fettgewebe ab. In Notzeiten, bei Fastenkuren oder bei extrem fettarmer Ernährung wandelt er das Fett wieder in Glukose um, etwa für den Gehirnstoffwechsel, der ausschliesslich Glukose als Brennstoff verwendet.

Enthält das Blut viel Glukose, dann bugsiert das Insulin – ein Hormon, das in der Bauchspeicheldrüse produziert wird – diese Glukose zu den Zellen. Diese signalisieren ihren Bedarf durch spezielle Antennen, sogenannte Insulinrezeptoren. Das Insulin dockt an den Rezeptoren an und schleust so die Glukose in die Zelle ein. Essen wir etwas Zuckersüsses, dann steigt der Blutzuckerspiegel sprunghaft an. Am wenigsten steigt er nach dem Verzehr von nicht erhitzten Getreideerzeugnissen oder Vollkornprodukten, z.B. einem Frischkornmüesli, weil hier der Verdauungsprozess die Kohlenhydrate nur langsam in Glukose verwandelt. Essen wir also viel Zucker, steigt der Insulinspiegel rapide an, weil das Insulin ja den Zucker wieder aus dem Blut entfernen und in die Zelle einschleusen muss. Wird die Bauchspeicheldrüse veranlasst, dauernd viel Insulin zu produzieren, ist chronisch viel Insulin im Blut und mit der Zeit ist der Insulinspiegel auch im nüchternen Zustand erhöht. Man spricht dann von **Hyperinsulinismus.** In diesem Zustand bilden die Zellen nur noch wenige Insulinrezeptoren aus, denn es herrscht Überfluss an Insulin. Tragen die Zellen aber nur wenige Insulinrezeptoren, dann wird weniger Insulin gebunden und auch weniger Glukose in die Zellen eingeschleust und verbrannt. Die überschüssige Glukose wird stattdessen in Fett umgewandelt.

Dieser Vorgang führt dazu, dass der betreffende Mensch eine sogenannte schlechte Glukosetoleranz hat, das heisst, bereits kleine Mengen von Kohlenhydraten werden nicht mehr richtig in Energie umgewandelt, sondern sehr bald in Körperfett. Er wird selbst durch kleine Mahlzeiten immer dicker. Übergewicht geht also keineswegs immer mit einer erhöhten Kalorienzufuhr einher!

Hält dieser Zustand längere Zeit an, wird der Mensch mit der Zeit zuckerkrank, das heisst, er bekommt Diabetes, den endgültig gestörten Zuckerstoffwechsel. Und wie wir im Kapitel über die Triglyceride gesehen haben, führt auch ein zu hoher Fettkonsum zu einem gestörten Zuckerstoffwechsel.

Eindeutig zu wenig haben wir an Omega-3-

Fettsäuren, die sowohl für den Fettstoffwechsel wie auch für den Diabetiker von grossem Nutzen sind. Da Fischöl (Omega-3-Fettsäuren) die Fliesseigenschaft des Blutes verbessert, wird die Mikrozirkulation in den feinen Gefässen besser, was auch bei Diabetikern, die häufig an Durchblutungsstörungen der Extremitäten leiden, eine Verbesserung der allgemeinen Durchblutung bringt. Andererseits wurde auch festgestellt, dass die Insulinempfindlichkeit grösser wurde, was bedeutet, dass Diabetiker die Einstellung des Insulins genau beobachten müssen.

Diabetes geht häufig Hand in Hand mit Herz- und Kreislaufschäden, vor allem dann, wenn die Blutzuckerwerte schlecht eingestellt sind. Denn dabei nehmen bei Diabetikern auch grosse und kleine Blutgefässe im Herz, im Gehirn und an den Extremitäten (Füssen und Händen), aber auch in den feinen Gefässen der Nieren und des Auges Schaden.

Künstliche Süssstoffe werden nicht nur von Diabetikern häufig verwendet, sondern von vielen Menschen die den hohen Kaloriengehalt von Zucker vermeiden wollen. Besonders beliebt ist Aspartam. Dieser Süssstoff hat bei näherem Hinsehen viele negative Nebenwirkungen:

- Er entzieht dem Körper Chrom, das dieser für die Arbeit des Insulins benötigen würde.
- Er blockiert die Produktion von Serotonin, einer Übertragungssubstanz des Gehirns, mit der Folge von Heisshunger auf Kohlenhydrate, prämenstruellem Syndrom, Schlafstörungen und Stimmungsschwankungen.

In Amerika gibt es bereits Selbsthilfegruppen, die über die vielen Nebenwirkungen von Aspartam informieren. Sie berichten von 73 bekannten Symptomen, die auf den Gebrauch von Aspartam zurückzuführen sind, darunter auch Schwindelanfälle, Kopfschmerzen, Gleichgewichtsstörungen, Ohrenbeschwerden, Blutungen in den Augen und Sehstörungen – alles Symptome, die auch bei erhöhtem Blutdruck auftreten – und bei Diabetikern!

Fruchtzucker wird ebenfalls oft von Diabetikern zum Süssen verwendet, da er den Blutzuckerspiegel nur gering erhöht und dadurch wenig Insulin erfordert. Fruchtzucker gelangt direkt in die Leber, die ihn in Neutralfette (Triglyzeride) umwandelt.

Untersuchungen an Diabetikern ergaben, dass diese überdurchschnittlich häufig einen niedrigen Vitaminspiegel im Blut aufweisen, selbst wenn sie für eine Vitalstoffzufuhr sorgen, die für Gesunde völlig ausreichen würde. Diabetiker benötigen offensichtlich weit mehr Vitalstoffe als Gesunde. Dass ein niedriger Vitaminspiegel auch die Herztätigkeit beeinträchtigt, haben wir in den vorangehenden Kapiteln gesehen.

Diabetiker sind besonders stark von koronaren Herzkrankheiten betroffen und haben erwiesenermassen einen niederigen Vitalstoffspiegel, weshalb eine Verabreichung von zusätzlichen Vitalstoffen besonders angezeigt ist.

Als besonders wirksam auf den Zuckerstoffwechsel haben sich Vitamin C, Zink, Chrom, Mangan und Omega-3-Fettsäuren erwiesen.

Hyperfibrinogenämie – Wenn der Gefässreparaturstoff Fibrinogen zum Feind wird

Bei grösseren Gefässverletzungen reichen die herkömmlichen Reparaturmechanismen über das Lipoprotein (a) (siehe Seite 28) nicht mehr aus. Dann bildet der Körper zum Verschluss der Verletzung ein Blutgerinnsel. Dazu verwendet er das im Blutplasma schwimmende Fibrin. Mit Hilfe des Gerinnungsfaktors Fibrinogen entstehen aus dem gelösten Fibrin unlösbare Fibrinfäden. Diese fangen wie ein Netz die vorbeischwimmenden roten Blutkörperchen ein und kleben sie mit den Blutplättchen zu einem Blutpfropfen zusammen.

Klinische Studien haben gezeigt, dass das Risiko für Herz- und Gefässkrankheiten umso grösser ist, je mehr Fibrinogen das Blut enthält und je höher damit das Risiko zur Bildung von Blutpfropfen ist. Ausserdem macht Fibrinogen das Blut zähflüssig und verschlechtert damit seine Fliessfähigkeit und Fliessgeschwindigkeit. Umgekehrt sind niedrige Fibrinogenwerte gut für die Gefässe.

Die Höhe des Fibrinogenspiegels ist zu 20 bis 50 Prozent erblich bedingt. Zudem schwankt der Fibrinogenspiegel je nach Jahreszeit. Im Winter ist er am höchsten. Liegt es vielleicht daran, dass in den Sommermonaten mit frischem Obst und Salaten auch mehr Vitamin C zugeführt wird?

Ein hoher Fibrinogenspiegel erhöht durch Blutverklumpung das Herzinfarktrisiko.

Linus Pauling hat in vielen Versuchen belegt, dass verschiedene Vitamine und Fettsäuren das Blutgerinnungssystem stabilisieren und regulieren können. Zu ihnen zählen die Vitamine C, E, der B-Komplex und die Omega-3-Fettsäuren.

Erhöhter Homocysteinspiegel – ein weiterer Beweis für die Vitaminmangel-These

Homocystein ist eine Aminosäure, also ein Eiweissbaustein, der bei einem der häufigsten und zentralen Stoffwechselprozesse – der Übertragung von Methylgruppen – in allen Zellen des Körpers als Zwischenprodukt entsteht und normalerweise schnell weiter verstoffwechselt wird. Wird durch einen Enzymdefekt oder einen Mangel an B-Vitaminen, insbesondere der Vitamine B_6, B_{12} und Folsäure, diese Weiterverstoffwechselung gestoppt, kommt es zu einem Anstau von Homocystein, das dann die innere Zellauskleidung der Arterien, das Endothel, direkt und indirekt schwer schädigen kann.

Dr. I. Niestroj, stellvertretende Chefärztin der Privatklinik für Innere Medizin in Baiersbronn, beschreibt in einem Artikel im Fachmagazin «Umweltmedizin», wie sie bei über 1000 Patienten zeigen konnte, dass sich der Homocysteinspiegel innerhalb von kurzer Zeit durch die Verabreichung der Vitamine B_6, B_{12} und Folsäure wieder normalisierte. Bei Herzkrankheiten gehöre deshalb eine Verabreichung dieser Vitamine in ihrer Klinik zur Standardbehandlung.

Mangel an Folsäure ist eine der häufigsten Vitaminmangelerscheinungen überhaupt. Die moderne, industriell verarbeitete Nahrung enthält wenig Folsäure, und die meisten Menschen essen nicht genug folsäurereiche Lebensmittel, wie Vollkorn, Hülsenfrüchte und Gemüse. Ausserdem lässt ein Mangel an Vitamin C die Folsäurespeicher rapide schwinden, da diese sehr oxidationsanfällig ist.

In einer Langzeitstudie mit mehr als 80 000 Krankenschwestern (der berühmten Nurses' Health Study) hat man festgestellt, dass diejenigen Frauen, die täglich mehr als 400 µg Folsäure und mehr als 3 mg Vitamin B_6 zu sich nahmen, **ein um 45 Prozent vermindertes Risiko koronarer Herzkrankheiten** hatten als diejenigen mit der niedrigsten Zufuhr.

Ein Mangel an den Vitaminen B6, B12 und Folsäure bewirkt über einen mangelnden Homocysteinabbau Schädigungen der Intima, der Innenauskleidung der Arterien.

Die Einnahme dieser Vitamine ist eine schonende und nebenwirkungsfreie Therapie in der Prävention und Therapie von Arteriosklerose, Herzinfarkt sowie arteriellen und venösen Thrombosen.

Chlamydien – Auch Bakterien können an koronaren Herzkrankheiten beteiligt sein

Eine neue Theorie zur Entstehung des Herzinfarkts besagt, dass durch Chlamydien (ein Bakterium) ausgelöste entzündliche Prozesse für die Entstehung dieses Krankheitsbildes von massgeblicher Bedeutung seien. Es handelt sich dabei um Chlamydia pneumoniae. Man hat festgestellt, dass diese Chlamydienart häufig in arteriosklerotischen Plaques zu finden ist und dass dies keine zufälligen Befunde sind, sondern dass die Anwesenheit dieses Keims direkt mit dem arteriosklerotischen Geschehen in Zusammenhang steht (Publikation von Prof. Pekka Saikku, Helsinki, in «Lancet», 1988). Übertragen wird Chlamydia pneumoniae durch Tröpfcheninfektion. Die Krankheit verläuft ähnlich wie eine Grippe, also mit Rachen-, Hals- und Nasennebenhöhlenentzündung, selten auch mit einer interstitiellen Pneumonie oder einer chronischen Bronchitis. Selbst chronisches Asthma kann auf Chlamydien zurückgeführt werden.

Man nimmt an, dass die Chlamydien über Makrophagen (grosse Fresszellen unseres Immunsystems) in die arteriosklerotischen Plaques einwandern und dass die Infektion der Gefässwände oder genauer der geschädigten Gefässwände unabhängig von den klassischen Risikofaktoren stattfindet. Völlig normale Gefässe werden von den Chlamydien nicht angegriffen, sondern nur bereits beschädigte.

Weltweit streiten sich Gelehrte darüber, ob die Chlamydien Auslöser oder Begleiter von Herzerkrankungen sind. Geht man von der These aus, dass das «Milieu», also die gesamten Stoffwechselumstände, darüber bestimmt, ob ein Keim, eine Mikrobe, ein Bakterium Schaden anrichten kann oder nicht, so ist eine erhöhte Anzahl von Chlamydien wiederum eines von diversen Begleitsymptomen und sicher nicht die Ursache von Herz-Kreislauf-Erkrankungen.

Chlamydien sind Bakterien, die mit Hilfe von Makrophagen in bereits beschädigte Arterienwände eindringen können. Der beste Schutz gegen einen Chlamydienbefall sind präventive Massnahmen, z.B. durch eine vitalstoffreiche Ernährung oder durch erhöhte Gaben von Vitalstoffen und Omega-3-Fettsäuren, welche die Gefässwände schützen.

Stress und andere psychische Faktoren

Gibt es überhaupt eine Krankheit, an der unser Hauptübel – der Stress – nicht ursächlich beteiligt ist? Ich kenne keine, ist doch Stress oder die Daueranspannung eine mächtige Behinderung eines gesunden Stoffwechsels.

Der normale Stress ist in unserer alltäglichen Auseinandersetzung mit der Umwelt eine lebensnotwendige Reaktion des Organismus, die uns in die Lage versetzt, vorübergehend mehr Energie zu mobilisieren. So erhöhen wir bei Stress die Herzfrequenz und den Blutdruck, wir schütten mehr Kreislaufhormone Adrenalin und Noradrenalin aus, und auch die freien Fettsäuren steigen rasch an. Dadurch wird der Organismus mit schnell verfügbarer Energie versorgt. Wird aber dieser Stresszustand zum Dauerzustand, gewinnen diese Veränderungen Krankheitswert, das heisst, sie überstrapazieren unseren Stoffwechsel und schädigen ihn damit auf Dauer. Was aber für den einzelnen Menschen Stress bedeutet, ist so individuell, wie der Mensch selbst, das heisst, was für den einen Stress bedeutet, ist für den anderen lediglich Alltag. Für die einen ist ein grosser Berg Arbeit Anlass zu Depressionen und dem Gefühl, es niemals zu schaffen, und für den anderen ist es belebend in dem Sinne, dass er erst unter Druck so richtig in Fahrt kommt. Für den einen ist ein ewig meckernder Arbeitskollege oder Chef ein Grund für Selbstmordgedanken, und an einem anderen laufen solche Klagen ab wie Wassertropfen auf fettiger Haut.

Über den Zusammenhang zwischen Stress und Herz-Kreislauf-Erkrankungen gibt es eine Fülle von Literatur, und es ist unmöglich, hier alle Erkenntnisse zu erwähnen. Aber ein paar Beispiele sind doch bemerkenswert und manchmal auch kurios.

Die Höhe des Salärs kann zu Arterienerkrankungen führen

940 Männer wurden in Kuopio, Finnland, im Rahmen einer Herzstudie mittels Ultraschall daraufhin untersucht, welchen Einfluss ihr Einkommen auf die Dicke der Herzwandgefässe hat. Der Versuch lief über vier Jahre. Dabei zeigte es sich, dass Männer, die anspruchsvolle Jobs mit kleinem Salär hatten, eine stärkere Verdickung der Arterienwände und eine grössere Plaquebildung aufwiesen als solche mit weniger anspruchsvollen Jobs und hohem Salär. Es scheint, dass niedriges Einkommen und grosser Stress wie eine tödliche Kombination wirken. Da beides relativ ist, scheint mir die persönliche Einstellung zur Arbeit und das Gefühl, adäquat entlöhnt zu werden, für das gesamte Lebensgefühl ausschlaggebender zu sein. Dies mag auch erklären, dass Herz-Kreislauf-Erkrankungen durch alle Gesellschaftsschichten gehen.

Der Egoist ist mehr durch Herzinfarkt gefährdet

Dr. Susan Love schreibt in ihrem «Hormonbuch» von einer interessanten Studie des Psychiaters Redford Williams (veröffentlicht in «Herzvertrauen: der Infarkt; Ursachen und Vorbeugung», Droemer Knaur 1992), der herausfand, dass die Faktoren Ich-Bezug, Feindseligkeit und Zynismus die Entstehung von Herzkrankheiten fördern.

Ein Forscher an der Universität von Kalifornien in San Francisco schnitt Gespräche auf Band mit und stellte ebenfalls einen direkten Zusammenhang zwischen Ich-Bezug und Herzinfarktrisiko fest: Je häufiger die Sprecher von sich selbst sprachen, desto grösser war die Wahrscheinlichkeit, dass sie sich eine Herzerkrankung zuzogen und daran starben. Es scheint also, dass der Persönlichkeitstyp A, Menschen mit einem typischen Verhaltensmuster, welches durch Ungeduld und Zeitdruck, überdurchschnittliches Streben nach Anerkennung sowie Ärger und Feindseligkeit gekennzeichnet ist, wirklich eher durch Herzinfarkt gefährdet ist.

Depressionen erhöhen das Risiko, an Herzinfarkt zu sterben

Von 1982 bis 1988 fand in Massachusetts, Connecticut, und Iowa eine Studie an 10 300 Männern und Frauen statt, die bewies, dass Menschen mit Depressionen 2,3 bis 2,7 Mal häufiger an Herzinfarkt litten.

Stressabbau ist angesagt

Der erste Schritt zum Stressabbau liegt sicher darin, ihn zu realisieren, das heisst, sich selbst als stressgeplagtes Wesen zu sehen. Wann das Verhalten sich von Enthusiasmus für seine Arbeit zu Stress wandelt, ist eine Frage des generellen Gesundheitszustandes. Unser Nervensystem, vor allem der Sympathikus, hilft uns während Jahren, die für das vorgenommene Arbeitspensum nötige Energie zu liefern – bis der Körper eben überfordert ist. Mit zunehmendem Alter ist daher die Wahrscheinlichkeit gross, dass die gewohnheitsmässige Überbelastung für den Körper zu viel wird und uns seine Regelmechanismen nicht mehr helfen.

Deshalb ist es sicher sinnvoll, etwa ab 40 Jahren einen Weg zu suchen, einen etwas gemächlicheren Rhythmus zu finden. Eine **Verhaltensveränderung ist also angesagt** oder, wie die Psychologen so schön sagen: **Die Prioritäten sollten anders gesetzt werden.**

Damit die Dauerspannung nachlässt und unser Körper aus seiner chronischen Überbelastung herausfindet, sollte aus dem 16-Stunden-Arbeitstag langsam ein normaler 8-Stunden-Arbeitstag werden. Das tönt viel einfacher, als es tatsächlich ist. Denn es erfordert natürlich auch eine totale Neuorientierung im Sinne von sinnvoller Freizeitgestaltung. Um die Freizeit nicht wieder zum Stress ausarten zu lassen, gehört sehr viel Überlegung dazu. Wie oft schon haben mir Stressgeplagte voller Stolz geschildert, wie sie in der Freizeit gerne Velo fahren – natürlich mit der Stoppuhr! Dass sie einen Stress durch einen anderen ablösen, war ihnen gar nicht bewusst. Oder im Fitnesscenter wird eifrig daraufhin trainiert, die Menge der Gewichtsbelastung möglichst schnell zu erhöhen. Wohl sind Sport und körperliches Training für jedermann und jedefrau sinnvoll und segensreich, für den Gestressten werden sie jedoch gerne zur Falle – zur Todesfalle –, übertragen sie doch ihr Leistungsdenken auch auf dieses Gebiet und tun sich damit gar keinen Gefallen. Sport und Training sollten genussvoll und entspannt eingesetzt werden. Nehmen Sie es gemütlich, mit Humor, und trainieren Sie viel eher die Ausdauer als die Belastung.

Ausserdem gibt es viele sinnvolle **Entspannungsarten** wie autogenes Training, Meditation oder eine NLP-Therapie zur raschen Beseitigung der grössten Stressoren; auch Tanzen, Malen oder überhaupt ein Hobby, das nicht wieder mit Wettbewerb verbunden ist, helfen.

Man verwechsle nicht Ursache und Wirkung!

Seelische Belastung kann einen Herzinfarkt (ich spreche hier nicht von koronaren Herzerkrankungen) auslösen, **aber nicht verursachen.** Der Herzinfarkt ist der Schlussakt des sich über Jahrzehnte hinziehenden Dramas der Arteriosklerose und einer direkten Herzmuskelschädigung durch Stoffwechselstörung. Wenn ein Herzkranzgefäss durch krankhafte Ablagerungen bereits verengt ist, so genügt eine zusätzliche krankhafte Zusammenziehung des Gefässes durch eine Aufregung, dass nicht mehr ausreichend Blut hindurchströmt. Die Folge davon ist eine mangelnde Blutversorgung des betreffenden Herzabschnitts, was als Herzinfarkt bezeichnet wird, falls dieser Vorgang sich plötzlich abspielt.

Übrigens: Unter Stress steigt der Cholesterinspiegel, ganz gleich, was wir essen. Denn der Körper stellt dann mehr Cholesterin her, da die Nebennieren für ihre Arbeit – die Herstellung von Stresshormonen – mehr davon benötigen.

Besonders beliebt, aber natürlich reines Symptomdenken ist der Einsatz von Betablockern und sogenannten Calcium-Blockern. Viel sinnvoller wäre die Einnahme von Magnesium, dem natürlichen Calcium-Antagonisten, und den vielen beruhigenden Pflanzen, die die Natur uns schenkt, z.B. Melisse, Baldrian oder Hopfen. Auch homöopatische Mittel helfen, und ganz wunderbar wirken Bachblüten (siehe Medikamente, Seiten 46–48).

Rauchen schadet nicht nur der Lunge, sondern besonders auch dem Herzen

Laut einer Veröffentlichung der Arbeitsgruppe Lipide der Schweizerischen Gesellschaft für Kardiologie ist das Rauchen einer der wichtigsten Risikofaktoren, entwickeln doch Raucher gegenüber Nichtrauchern zwei bis drei Mal mehr Herzkrankheiten. Laut der amerikanischen Nurses' Health Study ist dieses Risiko sogar vier Mal grösser. Besonders häufig sind die arteriellen Verschlusskrankheiten, im Volksmund «Raucherbein» genannt, oder die sogenannte «Schaufenster-Krankheit». Dabei sind die Arterien in den Beinen so stark verstopft, dass die Beine schon nach wenigen Schritten heftig schmerzen. Oft ist die Durchblutung so behindert, dass nur noch eine Amputation des betroffenen Fusses oder Beines hilft.

Raucher weisen auch erhöhte Triglycerid- und LDL-Cholesterinspiegel und erniedrigte HDL-Cholesterinwerte sowie erwartungsgemäss auch erhöhte Fibrinogenkonzentrationen auf.

Wie wir aber bereits gesehen haben, sind der erhöhte Fettspiegel oder verstopfte Arterien nicht durch Rauchen entstanden, sondern durch eine fehlerhafte Ernährung mit mangelhafter Versorgung an Vitalstoffen. Kommt aber zur bestehenden Arteriosklerose das Rauchen hinzu, so treffen zwei Hauptrisikofaktoren aufeinander, welche die koronaren Herzerkrankungen beschleunigen. Dass Rauchen die Durchblutung stört, lässt sich sehr schön im Buch «Eine Reise in das Innere unseres Körpers» von Lennart Nilsson nachvollziehen, das zeigt, wie ein Zug aus einer Zigarette photographisch nachweisbar alle Blutgefässe bis hin zu den allerfeinsten Haargefässen in den Extremitäten zusammenzieht. Eine mangelnde Durchblutung aber stört die Versorgung der umliegenden Zellen mit Nährstoffen, wodurch deren Stoffwechsel gestört wird. Bei Diabetikern ist die Mikrozirkulation aus anderen Gründen ebenfalls gestört. Sie leiden oft an einer mangelhaften Durchblutung der Zehen, die bis zur Notwendigkeit von Amputationen führen kann.

Zigarettenrauch enthält etwa 2000 verschiedene Substanzen, von denen viele unsere Gesundheit schädigen. Die wichtigsten davon sind bekannt und erforscht. Für unser Thema von Bedeutung sind:

Nikotin, ein Nervengift, das in hoher Dosierung (50 Tausendstel eines Gramms) einen Erwachsenen töten kann. Eine Zigarette enthält zwischen einem halben und zwei Tausendstel eines Gramms Nikotin, von denen 90 Prozent in die Lunge eines inhalierenden Rauchers gelangen. Von dort wird das Nikotin mit dem Blut im Körper verteilt. **Nikotin verengt die Blutgefässe, es vermehrt die Ausschüttung von Adrenalin, beschleunigt den Herzschlag und stimuliert das Gehirn und das Nervensystem. Wenn die Blutgefässe bereits verkalkt und verengt sind, kann der Nikotinkonsum schlimme, manchmal sogar tödliche Folgen haben. Die Gefässe werden schlechter durchblutet; sind die Herzkranzgefässe betroffen, kann es zum Herzinfarkt kommen.**

Kohlenmonoxid schlägt in den roten Blutkörperchen den Sauerstoff aus dem Feld, da es sich etwa hundert Mal leichter an das Hämoglobin bindet. Dadurch werden dem Körper grosse Mengen an Sauerstoff entzogen. Sauerstoff wiederum ist das «Benzin» des Stoffwechsels, das heisst, ohne genügend Sauerstoff ist der Stoffwechsel des gesamten Körpers beeinträchtigt. Eine Katze, die sich selbst in den Schwanz beisst!

Rauchen ist einer der Hauptrisikofaktoren für koronare Herzerkrankungen, da die im Rauch enthaltenen Stoffe nachteilig auf den gesamten Stoffwechsel wirken. Insbesondere werden die Blutgefässe mit jedem Zigarettenzug verengt, und wenn bereits eine Arteriosklerose besteht, kann es zum Herzinfarkt kommen.

Wie wir in den vorhergehenden Kapiteln gesehen haben, ist Vitamin C eine der am besten schützenden Substanzen überhaupt. Bedenkt man, dass eine einzige Zigarette 20 Milligramm Vitamin C verbraucht, so versteht man auch, dass das Rauchen diesen Herz-Kreislauf-Schutzstoff aufbraucht. 1–2 Gramm Vitamin C täglich sind die beste Massnahme, um den Schaden des Rauchens zu kompensieren.

Bewegungsmangel

Die Bedeutung der Bewegung für alle Stoffwechselvorgänge ist unumstritten, beschleunigt doch Bewegung den Herzschlag und damit die Versorgung der Zellen mit den nötigen Nährstoffen aus dem Blut. Wie wir gesehen haben, ist die Versorgung des Körpers mit den notwendigen Nährstoffen und Vitalstoffen die grundlegende Voraussetzung für einen gesunden Stoffwechsel. Oder umgekehrt: Eine mangelnde Versorgung ist die Ursache dafür, dass mit den Jahren die koronaren Herzerkrankungen erst entstehen können.

So berichtete das renommierte Fachblatt «New England Journal of Medicine» im Juli 1998 von einer Studie von Forschern an der Stanford University School of Medicine, die belegte, dass Patienten, die für ein Jahr auf eine wenig fett- und wenig cholesterinhaltige Ernährung gesetzt wurden, keine signifikante Senkung des Gesamtcholesterinspiegels und des LDL-Cholesterinspiegels aufwiesen. Erst die Kombination dieser Diät mit Aerobic-Übungen führte zum gewünschten Erfolg.

Und das Medizinblatt «The Lancet» berichtete im Mai 1998, dass auch ein in späteren Jahren begonnenes Training sich noch positiv auf eine Senkung des Infarktrisikos auswirken kann. Schon ein täglicher Spaziergang kann die Bildung neuer Umgehungsgefässe im Herzen fördern, die Fliessfähigkeit des Blutes und die Gefässreflexe verbessern, meinten Schuler und Hambrecht vom Herzzentrum Leipzig im Mai 1998 im «Deutschen Ärzteblatt».

Die tägliche Mehrbewegung lässt sich auch auf einfache Weise erreichen:

- nicht den Lift benutzen
- ein bis zwei Tram- oder Bushaltestellen früher aussteigen
- sich einen Hund anschaffen und täglich drei Mal mit ihm spazieren gehen
- sich ein Velo anschaffen und damit zur Arbeit oder zum Einkaufen fahren
- ein Abonnement in einem Fitnessstudio lösen und ein bis drei Mal pro Woche trainieren, und zwar auf Ausdauer, nicht auf Leistung!

Es ist aber auch klar, dass Bewegung allein ohne eine vollwertige Ernährung vor Stoffwechselschäden nicht schützen kann. Beides zusammen ist allerdings unschlagbar!

Östrogenmangel und koronare Herzerkrankungen

Die Hypothese, dass die Östrogentherapie Herzerkrankungen verhüten könne, ist interessant, aber nicht unproblematisch. Die erste klinische Studie zu Östrogen und Herzerkrankungen wurde an Männern durchgeführt. Sie ergab, dass eine Östrogengabe deren Herzinfarktrisiko erhöhte. Die einzige kontrollierte klinische Studie zu dieser Frage an Frauen publizierte 1979 Lila Nachtigall. An der Studie nahmen 84 Paare zufällig ausgewählter Frauen in der Postmenopause teil. Die Hälfte erhielt hochdosiertes Premarin (ein Östrogenpräparat) in Kombination mit einem Gestagen. Die andere Hälfte bekam keine Therapie. Zwar ergab sich kein Unterschied in der Zahl der Herzinfarkte, doch die Lipidwerte der Frauen unter Hormontherapie waren besser.

Eine der umfangreichsten Studien, die Nurses' Health Study, wurde an Krankenschwestern über zehn Jahre durchgeführt. Nach dieser Studie hatten die Frauen, die nach der Menopause Östrogen eingenommen hatten, nur ein halb so hohes Risiko für koronare Herzerkrankungen wie jene, die kein Östrogen einnahmen. Allerdings waren nur wenige Frauen der Stichprobe älter als 65 Jahre, daher sagt die Studie nichts darüber aus, wie viele von ihnen herzkrank werden, wenn sie 70 und älter sind, und in diesem Alter steigt die Wahrscheinlichkeit dieser Erkrankungen stark an.

In diesen wie auch in anderen Studien hatten die Östrogenkonsumentinnen einen höheren sozioökonomischen Status, waren besser gebildet, schlanker, zu einem grösseren Teil Nichtraucherinnen und hysterektomiert (Gebärmutter entfernt; 60–80%). Diese Frauen suchten auch häufiger einen Arzt auf und kamen daher eher in den Genuss von umfassenden Präventionsmassnahmen, etwa regelmässige Kontrollen von Blutdruck und Cholesterinspiegel. Diese Frauen sind mit Sicherheit auch in anderen wichtigen Belangen gesundheitsbewusster.

Eine Studie, die bis im Jahre 2008 vorliegen wird, untersucht dieses Thema bei Frauen, die bereits Koronarpatientinnen sind, und man wird dann wissen, ob Hormone einem zweiten Herzinfarkt vorbeugen können.

Wie auch immer die Untersuchungen ausfallen, Tatsache ist, dass die erwähnte Nurses' Health Study auch bewies, dass die Frauen, die ein Hormonpräparat einnahmen, ein 50 Prozent höheres Brustkrebsrisiko hatten. Frauen, die zwischen 60 und 64 Jahre alt waren und die seit fünf oder mehr Jahren Hormone einnahmen, hatten ein 71 Prozent höheres Brustkrebsrisiko!

Angesichts der Tatsache, dass sich koronare Herzerkrankungen durch gesunde und einfache Massnahmen wie Ernährungsumstellung und die Einnahme von Vitalstoffen eindeutig und massgeblich verhindern lassen, ist die Empfehlung, zu diesem Zweck Hormone einzunehmen und dabei das Herzinfarktrisiko gegen ein grosses Brustkrebsrisiko einzutauschen, ein Hohn und unglaublich zynisch!

Medikamente, die unser Herz stärken, schützen und vor Schaden bewahren

Bei Verdacht auf koronare Herzkrankheiten ist immer ein Arzt aufzusuchen, denn vor jeder Behandlung steht die Diagnose. Die folgenden Vitalstoffe oder pflanzlichen Stoffe ersetzen den Arztbesuch nicht.

Wie bei allen Beschwerden und Krankheiten gilt es nach der Festlegung einer Diagnose zu entscheiden: Gehe ich den konventionellen Weg, oder fühle ich mich eher zu Naturheilverfahren hingezogen. Ich bin der Meinung, dass das eine das andere nicht ausschliesst. Besonders bei leichten Beschwerden genügen meistens pflanzliche Produkte und der gezielte Einsatz von Vitalstoffen, kombiniert mit einer Umstellung der Ernährung auf eine vitalstoffreiche Vollwerternährung. Bei bereits bestehenden schweren koronaren Herzerkrankungen sind chemische Medikamente oft unumgänglich. Diese haben oft schwere **Nebenwirkungen,** die es ratsam machen, ihren Einsatz je nach Gesundheitszustand sorgfältig abzuwägen. Auf die Medikamente, die die Schulmedizin einsetzt, will ich hier nicht eingehen. Es ist Sache des Arztes abzuwägen, was das momentan adäquate Medikament ist, und seine Patienten auf mögliche Risiken und Nebenwirkungen hinzuweisen.

Die Naturmedizin bietet für koronare Herzkrankheiten eine Reihe von Substanzen, von denen die meisten ohne Nebenwirkungen sind; dies gilt im Besonderen für die Vitalstoffe. Der Einsatz von Vitalstoffen in der Behandlung oder Vorbeugung von koronaren Herzkrankheiten ist seit Jahrzehnten erprobt und ihre Gültigkeit und Wirksamkeit in vielen weltweiten Studien erwiesen. Sie lassen sich mit chemischen Medikamenten gut kombinieren.

Während von der klassischen Medizin hinsichtlich der koronaren Herzkrankheiten besonders Betablocker, Calcium-Antagonisten, synthetische Lipidsenker, Nitroglyzerin und Antihypertonika eingesetzt werden, gewinnen in der naturheilkundlich orientierten Praxis neben Crataegus (Weissdorn) und Ammi visnaga Vitalstoffe eine immer grössere Bedeutung.

Wie wir bei den Risikofaktoren gesehen haben, sind die Vitalstoffe Substanzen, **deren Mangel** zu Störungen in Stoffwechselfunktionen führen und deren Einnahme diese Störungen wieder aufheben kann. Ich erinnere hier im Besonderen an den Zusammenhang von Vitamin C und Cholesterin oder den erhöhten Homocysteinspiegel und seine Behandlung mit den B-Vitaminen B_6, B_{12} und Folsäure.

Die Ernährung allein kann die benötigten Mengen an Vitalstoffen nicht liefern – wir benötigen dazu Nährstoffpräparate.

Eigenartigerweise wird den Nährstoffpräparaten mit viel grösserer Skepsis begegnet als etwa den chemischen Arzneimitteln. Immer wieder werde ich in der Praxis mit Vorurteilen konfrontiert, die von offenbar interessierter Seite kräftig geschürt werden.

Vorurteil 1: Natürliche Vitamine sind besser als synthetische.

Dem Körper ist es völlig egal, ob ein Mikronährstoff natürlicher oder synthetischer Natur ist. Ihn interessiert nur das Molekül und ob er es verwerten kann, zum Beispiel das Vitamin E. Besser ist beim natürlichen Vitamin E die Resorption, das heisst, der Körper kann es besser aufnehmen. Das bedeutet, dass man mehr synthetisch hergestelltes Vitamin E einnehmen muss als natürliches, um auf die gleiche Menge zu kommen, die der Körper verwerten kann.

Vorurteil 2: Es reicht, gezielt ein oder zwei bestimmte Nährstoffe einzunehmen.

Nährstoffe stehen untereinander in einer komplexen biochemischen Beziehung. Fehlt ein wichtiges Enzym, ein Mineralstoff oder ein Vitamin, kommen bestimmte Abläufe nicht mehr zustande; die gesamte Synthese ist blockiert. Alle seriösen Studien zeigen, dass deshalb nur eine umfassende Mischung aus allen wichtigen Nährstoffen dazu geeignet ist, Krankheiten vorzubeugen oder sie zu behandeln.

Das bedeutet in der Praxis, dass bei jeder gezielten Behandlung eine sogenannte Multi-Vitamin-Mineralstoff-Tablette die Basis ist.

Vorurteil 3: Grosse Vitaminmengen sind schädlich und können sogar gefährliche Nebenwirkungen haben.

Es gibt wohl kaum Substanzen, die bei der Vorbeugung und Behandlung von Krankheiten so harmlos sind wie Vitamine. Einen Überschuss an wasserlöslichen Vitaminen scheidet der Körper einfach aus. Wirklich aufpassen muss man nur bei den fettlöslichen Vitaminen A und D. Vitamin E wiederum gehört zu den risikolosesten Vitaminen überhaupt. Beim Vitamin A sollen vor allem Schwangere aufpassen, dass sie davon täglich nicht mehr als 8000 I.E. (Internationale Einheiten) einnehmen.

Vorurteil 4: Eine ausgewogene und gesunde Ernährung kann den Bedarf an Vitalstoffen jederzeit decken.

Dieses Vorurteil gilt schon lange nicht mehr, denn, wie die Ernährungsberichte der westlichen Länder deutlich zeigen, hat heutzutage kaum jemand mehr eine tatsächlich ausgewogene Ernährung. Der Konsum von vorfabrizierten und vitalstoffarmen Lebensmitteln hat in den letzten Jahrzehnten enorm zugenommen. Ausserdem essen immer mehr Menschen täglich in Restaurants und Kantinen, wo die Kriterien für die Zubereitung leider nicht «gesund und vitalstoffreich», sondern «billig und möglichst rationell zuzubereiten» heissen.

Ausserdem ist der Bedarf an Vitalstoffen von Mensch zu Mensch verschieden und besonders bei Bestehen von chronischen Krankheiten wie Allergien, Verdauungsstörungen, häufigen Infektionskrankheiten, Stress usw. sehr hoch und über die Ernährung nicht zu decken.

Pflanzliche Wirkstoffe

Vor allem in der Naturheilkunde werden bei Herzkrankheiten auch pflanzliche Präparate eingesetzt, da deren Wirkstoffe regulativ und heilend auf die Herzfunktionen einwirken können.

Die bekannteste Herzpflanze ist Crataegus (Weissdorn). Sie besitzt die Fähigkeit, Sauerstoff zu sparen und ihn besser auszunutzen, steigert das koronare Durchflussvolumen und fördert damit die Blut- und Sauerstoffversorgung des Herzens. Die wirksamen Substanzen des Crataegus sind Flavone und Flavonoide (siehe auch sekundäre Pflanzenstoffe, Seite 25, 26).

Spigelia (Wurmkraut) wirkt vor allem bei Enzündungen des Herzens, bei Angina pectoris und bei Extrasystolen, aber auch bei Erregungszuständen, Angst und stürmischem Herzklopfen, da es auf das zentrale Nervensystem einwirkt.

Cactus (v.a. Königin der Nacht) wirkt über seinen Hauptwirkstoff Cactin auf das Herz, den Koronarkreislauf und die Gefässmuskulatur.

Weiter werden auch Maiglöckchen, Baldrian, Hamamelis, Kastanie, Arnika und viele andere

Pflanzen mehr in den bekanntesten Herz-Kreislauf-Medikamenten gebraucht.

Von Bärlauch und Knoblauch weiss man, dass sie schützend auf die Blutgefässwände wirken. (Angiotensin-Convertin-Enzym verhindert die Atherogenese an der Gefässwand, auch die Thrombozytenaggregation, das Zusammenkleben der Thrombozyten, wird gehemmt.)

Vitamine und Mineralstoffe halten Herz und Kreislauf fit

Multivitamin-Mineralstoff-Präparate verbessern generell den Stoffwechsel und die Zellfunktionen, wichtig als Basis für die Einnahme von Einzelvitaminen

zusätzlich:

Vitamin C* 500–2000 mg	erhält die Gefässe elastisch, senkt den Blutgehalt an Lipoprotein (a), macht das Blut flüssiger, verbessert den Cholesterinspiegel, fängt freie Radikale
Vitamin E* 100–250 mg	fängt freie Radikale (Antioxidans), macht das Blut flüssiger und verhindert die Blutverklumpung
Vitamin A* 2000–5000 I.E.	fängt freie Radikale, stabilisiert die Aderwände
Vitamin B_1 7,5–40 mg	verbessert die Zellfunktion, wichtig z.B. bei Herzinsuffizienz
Vitamin B_2 7,5–40 mg	optimiert die Zellfunktion, fängt freie Radikale
Vitamin B_3 (Nicotinamid) 50–200 mg	senkt Lipoprotein (a), reguliert den Fettstoffwechsel, beugt Zuckerkrankheit vor
Vitamin B_6 7,5–40 mg	optimiert die Zellfunktion, senkt den Homocysteinspiegel, verringert Thromboembolien
Vitamin B_{12} 5–15 µg	senkt den Homocysteinspiegel
Folsäure 0,4–2,0 mg	senkt den Homocysteinspiegel
Pantothensäure (B_5) 10–30 mg	reguliert den Fettstoffwechsel
Vitamin D 3–10 µg	senkt wahrscheinlich den Blutdruck, verbessert wahrscheinlich die Insulinproduktion, gut bei Herzschwäche
Vitamin K 30–150 µg	reguliert die Blutgerinnung
Biotin 100–500 µg	optimiert die Zellfunktion
Beta-Carotin* 20–30 mg	fängt freie Radikale
Magnesium 100–250 mg	hilft gegen Rhythmusstörungen, senkt den Blutdruck
Selen* 50–150 mg	ist ein Antioxidans, senkt den Blutdruck, gut bei Herzinsuffizienz
Zink* 10–30 mg	wirkt als Antioxidans, günstig bei Diabetes
Mangan 2–5 mg	wichtig für den Zuckerstoffwechsel
Chrom 30–150 µg	verbessert die Glukosetoleranz (wichtig bei Diabetes)
Omega-3-Fettsäuren (als Fischöl) 1,5 g	reguliert den Fettstoffwechsel, macht das Blut flüssiger, senkt den Blutdruck, verringert die Blutverklumpung
Carnitin 200–1000 mg	wichtig für die Energieerzeugung, wichtig bei Herzinsuffizienz und Diabetes
Coenzym Q10 (Ubichinon) 10–50 mg	Radikalenfänger, wichtig für die Energieerzeugung im Herzen, gut bei Herzinsuffizienz

* Als sogenannte Antioxidans-Kombinationspräparate im Handel erhältlich.

Wie sieht eine gesunde Ernährung für mein Herz aus?

Kurz gesagt: Ernähren Sie sich wie ein Italiener, ein Grieche oder ein Korse, dann ist Ihr Risiko, an Herz-Kreislauf-Beschwerden zu erkranken, nur halb so gross wie bei Nordeuropäern, wie eine 50 Millionen Dollar teure Studie der Weltgesundheitsbehörde WHO beweist, die seit 15 Jahren bei über zehn Millionen Menschen in aller Welt nach den Ursachen von Herz- und Gefässkrankheiten sucht. Zwar geht man in diesen Ländern auch mit Rauchen und Alkohol ziemlich unbekümmert um, und auch die Fettmenge, die konsumiert wird, ist beileibe nicht geringer. Nur ist sowohl ihr Speisezettel wie auch ihre Lebensweise im Grossen und Ganzen von jenen in nördlichen Ländern sehr verschieden.

Schauen wir ihn im Detail an:

Südländer essen mehr Getreideprodukte und damit komplexe Kohlenhydrate aus Getreide und Reis, dafür wenig Süssigkeiten. Die komplexen Kohlenhydrate sind blutzuckerstabilisierend und enthalten viel Mineralstoffe und B-Vitamine, die unser Organismus für seine Stoffwechselfunktionen benötigt.

Südländer essen mehr Obst und Gemüse, das neben Vitaminen, Mineralstoffen und Ballaststoffen eine Fülle von sekundären Pflanzenstoffen enthält, die alle vorteilhaft auf den Stoffwechsel wirken. Insbesondere die sekundären Pflanzenstoffe haben eine wichtige Antioxidationsfunktion, wie wir schon über die Vitalstoffe (Seite 22) gesehen haben. Je mehr frisches Obst und Gemüse gegessen wird, desto mehr dieser wertvollen Schutzsubstanzen nehmen wir zu uns.

Südländer essen mindestens zwei Mal pro Tag Obst und Gemüse, währenddem diese im Norden durchschnittlich nur je ein Mal auf den Tisch kommen.

Südländer essen relativ viel Hülsenfrüchte und Nüsse. Diese stabilisieren den Blutzuckerspiegel, enthalten wertvolle Eiweisse und Antioxidantien. Ein weiterer Nutzen der Hülsenfrüchte und Nüsse liegt in ihrem hohen Gehalt an Ballaststoffen, die für eine geregelte Darmtätigkeit sorgen.

Südländer essen weniger Eiweiss, insbesondere weniger Fleisch, Eier und Milchprodukte. Sie essen eher Fisch und Geflügel, aber selten rotes Fleisch, was in Bezug auf die Eiweissmenge, Fettsäuren und die Fettmenge (gesättigte Fettsäuren) als Ganzes vorteilhaft ist. Ihre Mahlzeiten sind auch oft rein vegetarisch.

Südländer verwenden vor allem Olivenöl, das insbesondere als kaltgepresstes, sogenanntes Extra-vergine-Olivenöl einen antioxidativen Charakter hat. Olivenöl verringert ausserdem das LDL-Cholesterin, nicht aber das HDL-Cholesterin und enthält viele sekundäre Pflanzenstoffe. Verwenden Sie zum Kochen Olivenöl oder Sojaöl, und lassen Sie sich nicht die Butter vom Brot nehmen. Butter ist besser als Diätmargarine, weil sie ein besseres Verhältnis von Omega-3- zu Omega-6-Fettsäuren hat.

Südländer trinken regelmässig Rotwein, der viele schützende sekundäre Pflanzenstoffe enthält, wie etwa Polyphenole, die antioxidativ wirken. Viele Studien haben gezeigt, dass regelmässiger Genuss von

Alkohol in mässiger Dosis (20–30 Gramm Alkohol pro Tag) das Infarktrisiko zu mindern vermag. Wahrscheinlich spielt dabei der Stressabbau und die weniger hektische Lebensweise der Südländer, die Hand in Hand mit dem regelmässigen Weingenuss gehen, die wichtigere Rolle.

Südländer machen regelmässig Siesta. Die Extraportion Schlaf hilft beim Stressabbau, entspannt das Nervensystem, verbessert die geistige Leistungsfähigkeit, das Gedächtnis, die Herzfunktion – und die Laune!

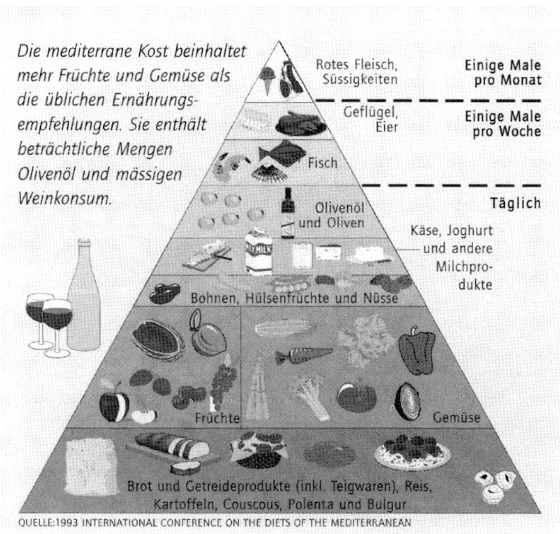

Grundlagen der mediterranen Küche bilden Getreideprodukte – von Brot über Teigwaren bis zum Couscous – sowie Früchte, Gemüse und Olivenöl.

Noch ein paar Worte zum Salz

Seit Jahrzehnten wird vor allem bei Bluthochdruck dringend zu einer Kochsalzreduktion geraten. Man spricht von höchstens 5 Gramm Salz, die pro Tag gegessen werden sollten. Es gibt viele Studien und Veröffentlichungen zu diesem Thema, die sich zum Teil stark widersprechen. Bei einigen Menschen wirkt eine Salzverminderung positiv und senkend auf den Blutdruck, bei einem grossen Prozentsatz aber (den sogenannten Salzresistenten) verändert er sich nicht.

Ich denke, dass man diesem Thema nicht allzu grosse Beachtung schenken sollte. Es gibt wirksamere Möglichkeiten zur Behandlung von Patienten mit koronaren Herzkrankheiten. Da das meiste Salz, das wir konsumieren, im Hartkäse und in der Wurst enthalten ist und diese beiden Lebensmittel sowieso gar nicht oder nur sehr selten gegessen werden sollten, würde sich das Thema durch Weglassen dieser beiden Lebensmittel von selbst erledigen. Ein Verzicht auf Hartkäse ist für jedermann günstig, ist er doch nicht nur sehr salzhaltig, sondern auch extrem schwer verdaulich und eine Belastung für den Verdauungsapparat. Dass Würste wie auch Käse viel Fett enthalten – und zwar vor allem gesättigte Fettsäuren –, ist ein weiterer Grund, diese beiden Lebensmittel möglichst selten zu konsumieren.

Bouillabaisse, französische Fischsuppe (Rezept Seite 93)

Rezepte

Kochen, dass mir das Herz im Leibe lacht und was das Herz begehrt!

Es ist eine reine Freude, nach Art der Mittelmeerländer zu kochen und zu essen. Dabei handelt es sich um eine Vollwert-Küche im wahren Sinn des Wortes, das heisst Kochen mit gesunden Grundprodukten. Mittelmeerküche heisst nicht vegetarische Küche, sondern Kochen mit viel Getreide, Gemüse, Kräutern und Olivenöl, aber auch in Massen mit Fisch und Fleisch. Eigentlich mit allem, was die Natur uns schenkt und was das Herz begehrt!

Ich habe besonders darauf geachtet, dass die Zubereitungsarten einfach und gesund sind, das heisst, vieles wird im Dampf gekocht oder gedünstet und erst nachher wird Öl zugesetzt. Wenn Sie's besonders gesund haben wollen, beachten Sie möglichst oft die Prinzipien der Trennkost, das heisst, essen Sie Getreide mit viel Gemüse und lassen Sie das Fleisch weg oder Fisch mit viel Gemüse und möglichst keine anderen Beilagen dazu. Damit erleichtern Sie zusätzlich die Verdauung, und ausserdem zwingt Sie dieses System dazu, sehr viel Gemüse zu essen.

Die Rezepte sind für 4 Personen berechnet.

Vorspeisen

Antipasti misti italiani

Italienisches Vorspeisenbüffet

Marinierte Artischocken

4 mittelgrosse Artischocken
½ Zitrone
1 EL Olivenöl
½ Zwiebel, grob geschnitten
½ Schalotte, fein gehackt
1 EL Petersilie, fein gehackt
6 EL Vinaigrette aus Olivenöl und Zitronensaft
Salz, Pfeffer aus der Mühle

◆ Die äusseren Blätter der Artischocken entfernen, die stachligen Spitzen der übrigen Blätter mit einer Schere abschneiden. Den Stiel auf etwa 5 cm Länge zurückschneiden. Die Artischocken längs halbieren, das Heu entfernen und die so vorbereiteten Blüten sofort in Zitronenwasser einlegen.

◆ Das Olivenöl in eine grosse Pfanne geben und die Zwiebel darin andünsten. Die Artischockenhälften beigeben und mit andünsten. Wenig heisses Wasser dazugiessen, mit Salz und Pfeffer würzen und die Artischocken weich kochen. Abkühlen lassen. Auf einer Platte schön anrichten, mit der gehackten Schalotte und der gehackten Petersilie bestreuen und mit Vinaigrette beträufeln.

Carpaccio von Champignons

6 sehr grosse Champignons
50 g Parmesan, am Stück
1 EL Kapern
8 EL Vinaigrette aus Olivenöl und Zitronensaft

◆ Die Champignons in feinste Scheiben schneiden und flach auf einer grossen Platte schön anrichten.

◆ Den Parmesan grob darüber reiben. Mit Kapern bestreuen und mit der Vinaigrette beträufeln.

Tip: Die Champignons nur abreiben, nicht waschen, dann bleiben sie blütenweiss.

Broccolisalat

2 Broccoli, in kleine Röschen zerteilt
6 EL Vinaigrette aus Olivenöl und Zitronensaft
2 EL Pinienkerne, geröstet

◆ Die Broccoliröschen über Dampf knackig garen, dann in kaltem Wasser kurz abschrecken. Gut abtropfen lassen.

◆ Die Broccoliröschen auf einer Platte schön anrichten. Mit der Vinaigrette beträufeln und mit den gerösteten Pinienkernen bestreuen.

Italienisches Vorspeisenbüffet: marinierte Artischocken (hinten); marinierter Lauch (links), Rezept Seite 54; Pecorinosalat (rechts), Rezept Seite 54

Gefüllte Tomaten

10 kleine oder 5 mittelgrosse Tomaten
1 Bund Basilikum
3 EL Mascarpone
4 EL Vinaigrette aus Olivenöl und Balsamicoessig
Salz, Pfeffer aus der Mühle

◆ Von kleinen Tomaten einen Deckel wegschneiden, mittelgrosse Tomaten quer halbieren. Die Tomaten aushöhlen, die Kerne entfernen und das Fruchtfleisch grob hacken. Vom Basilikum 10 schöne, kleine Blättchen zur Garnitur beiseite legen, die restlichen Blätter in feine Streifchen schneiden.
◆ Basilikum, Mascarpone und das gehackte Tomatenfleisch vermischen. Salzen und pfeffern.
◆ Die Masse in die ausgehöhlten Tomaten füllen und mit Vinaigrette beträufeln. Jeweils ein Basilikumblättchen als Garnitur darauf setzen.

Insalata bianca-rossa

Je 200 g weisser und roter Chicorée

Sauce:
100 g Gorgonzola-Mascarpone
1 EL Weissweinessig
Salz, schwarzer Pfeffer

2 EL Baumnüsse, grob gehackt

◆ Die Chicoréeblätter auf einer Platte anrichten.
◆ Für die Salatsauce den Gorgonzola-Mascarpone zusammen mit dem Essig mixen und gut mit Salz und Pfeffer abschmecken. Über die Salatblätter träufeln und mit den gehackten Baumnüssen bestreuen.

Marinierter Sellerie

400 g Staudensellerie
1 EL Oregano, fein geschnitten
4 EL Vinaigrette aus Olivenöl und Zitronensaft

◆ Die Selleriestangen über Dampf knackig weich kochen und in 5 cm lange Stücke schneiden.
◆ Auf einer Platte schön anrichten, mit dem Oregano bestreuen und mit der Vinaigrette beträufeln.

Marinierter Lauch

400 g Lauch
¼ rote Peperoni (Paprika), klein gewürfelt
6 EL Vinaigrette aus Olivenöl und Balsamicoessig

◆ Die Lauchstangen über Dampf kurz garen, längs halbieren und in 5 cm lange Stücke schneiden.
◆ Auf einer Platte schön anrichten. Die Peperoniwürfel darüber verteilen und alles mit der Vinaigrette beträufeln.

Pecorinosalat

400 g Pecorinokäse, in feine Scheibchen oder Würfel geschnitten
10 schwarze Oliven, entsteint, fein gehackt
frische Thymianblättchen
4 EL Vinaigrette aus Olivenöl und Balsamicoessig

◆ Die Pecorinoscheibchen mit den gehackten Oliven, den Thymianblättchen und der Vinaigrette vermischen. Mindestens 30 Minuten ziehen lassen.

Mezze

Orientalisches Vorspeisenbüffet

Püree aus weissen Bohnen

250 g weisse Bohnen, über Nacht eingeweicht
1 Zwiebel
4 Knoblauchzehen
4 EL Weissweinessig
4 EL Olivenöl
1 TL Dijonsenf
2 EL Petersilie, fein gehackt
1 TL Kreuzkümmelpulver
1 Prise Cayennepfeffer
2 EL Korianderblätter, fein gehackt
Salz, Pfeffer aus der Mühle

Beilagen:
500 g diverse Gemüse, in 1 cm grosse Würfel geschnitten

Garnitur:
1 EL Pfefferminzblätter, grob geschnitten

◆ Die weissen Bohnen abgiessen, spülen und in viel Wasser weich kochen (eventuell im Dampfkochtopf). Abgiessen und gut abtropfen lassen.

◆ Die gekochten Bohnen mit allen übrigen Zutaten und etwas Wasser im Cutter oder Mixer zu einer weichen Paste pürieren.

◆ Eine Platte oder Teller mit dem gewürfelten Gemüse auslegen und in der Mitte das Bohnenpüree anrichten. Mit den grob geschnittenen Pfefferminzblättchen bestreuen.

Auberginenpüree mit Tahina

2 grosse Auberginen
200 g Tahina (Sesampüree)
2 EL Zitronensaft
1 Knoblauchzehe, gepresst
½ TL Chili- oder Paprikapulver
4 EL Olivenöl
2 EL Petersilie, gehackt
Salz
gehackte Pfefferminzblättchen als Garnitur

◆ Die Auberginen halbieren und über Dampf gar kochen (oder im Ofen rösten).

◆ Das Fruchtfleisch herauslösen und klein hacken. Alle übrigen Zutaten beifügen und gut miteinander vermischen. Mit Salz abschmecken.

◆ In ein Schüsselchen geben und mit den Pfefferminzblättchen bestreuen.

Marinierter Schafskäse

400 g Schafskäse (Feta)
4 Knoblauchzehen, grob gehackt
je 1 EL Dill, Basilikum, Petersilie und Pfefferminze, gehackt
je ½ gelbe und rote Peperoni (Paprika), in 2 cm grosse Würfel geschnitten
4 EL Olivenöl

◆ Den Schafskäse in 2 cm grosse Würfel schneiden und mit allen übrigen Zutaten vermischen. Mindestens 4 Stunden im Kühlschrank ziehen lassen.

Hummus

Kichererbsenpüree

200 g Kichererbsen, über Nacht eingeweicht
100 g Tahina (Sesampüree)
1 TL Kreuzkümmel
4 Knoblauchzehen
½–1 Zitrone, Saft
Salz

Garnitur:
Olivenöl
50 g Pinienkerne, geröstet
Paprikapulver
1 EL gehackte Petersilie

◆ Die eingeweichten Kichererbsen in ungesalzenem Wasser weich kochen.
◆ Die gekochten Kichererbsen mit etwa 100 ml Wasser im Cutter fein pürieren – ein paar ganze Kichererbsen für die Garnitur zurückbehalten.
◆ Das Kichererbsenpüree zusammen mit allen übrigen Zutaten gut vermischen und abschmecken. Eventuell noch mehr Zitronensaft und Wasser beifügen.
◆ Zum Anrichten das Püree auf einem grossen Teller oder einer flachen Platte gleichmässig verteilen. Mit Olivenöl beträufeln, dann die zurückbehaltenen ganzen Kichererbsen und die gerösteten Pinienkerne darauf verteilen und alles mit Paprikapulver und der gehackten Petersilie bestreuen.

Falafel

Kichererbsenbällchen

200 g Kichererbsen, 12 Stunden eingeweicht
1 grosse Zwiebel, gehackt
1 Knoblauchzehe, gepresst
1 EL Kreuzkümmelpulver
1 TL Pfeffer
½ EL Korianderpulver
½ TL Backpulver
1 Bund Petersilie, gehackt
Salz
Fritieröl

◆ Die Kichererbsen nach dem Einweichen 3 Tage keimen lassen, dabei zwei Mal pro Tag gut durchspülen.
◆ Die Kichererbsen zusammen mit allen übrigen Zutaten pürieren. 30 Minuten ziehen lassen. Dann aus der Masse nussgrosse Kugeln formen und diese nochmals 30 Minuten ruhen lassen.
◆ Die Falafel fritieren und auf Küchenpapier abtropfen lassen.

Orientalisches Vorspeisenbüffet:
Kichererbsenpüree (links), Kichererbsenbällchen (rechts), gefüllte Auberginen (hinten), Rezept Seite 58

Imam Bayildi

Gefüllte Auberginen

6 grosse Auberginen gleicher Grösse
4 grosse Zwiebeln, längs in Streifen geschnitten
600 g Tomaten, geschält, grob gehackt
3–4 Knoblauchzehen, grob gehackt
4 EL Olivenöl
2 EL Petersilie, fein gehackt
Salz, Pfeffer aus der Mühle

◆ Den Backofen auf 180 Grad vorheizen.
◆ Die Auberginen längs halbieren, auf der Schnittfläche längs 3 bis 4 Mal einschneiden, aber nicht durchschneiden. Die Schnittfläche salzen. Die Auberginen in einer Bratpfanne in wenig Olivenöl auf der Schnittfläche etwa 2 Minuten braten.
◆ Eine Gratinform leicht einölen. Die Auberginen mit der Schnittfläche nach oben hineinlegen. Die Zwiebelstreifen in die Schnitte hineinpressen. Die Tomatenwürfelchen darauf häufen und den gehackten Knoblauch darüber verteilen. Nochmals salzen, pfeffern und mit Olivenöl grosszügig beträufeln. Bis auf etwa 2 cm Höhe heisses Wasser dazugiessen und die Auberginen 1 Stunde im vorgeheizten Ofen backen.
◆ Zum Anrichten mit gehackter Petersilie bestreuen.
◆ Dieses Gericht kann kalt oder warm gegessen werden. Warm gegessen, z.B. mit einem griechischen Reis (siehe Seite 90) ist es eine wunderbare vegetarische Mahlzeit.

Tabbouleh mit Fetawürfelchen

200 g Couscousgriess
2 EL Olivenöl
1 Zwiebel, fein gehackt
2 Tomaten, klein gewürfelt
200 g Feta, klein gewürfelt
1 EL Petersilie, fein gehackt
1 EL Pfefferminzblättchen, fein gehackt
1 TL Zitronensaft
2 EL Olivenöl
Salz, Pfeffer aus der Mühle

◆ Den Couscousgriess in viel Wasser einweichen und 3 Minuten quellen lassen. Das Wasser abgiessen und den Griess auf einem Küchentuch oder auf Küchenpapier etwas trocknen lassen. In eine Schüssel geben und mit dem Olivenöl vermischen.
◆ Den Couscous über Dampf 5 Minuten offen quellen lassen. In Schüssel geben und mit einer Gabel lockern.
◆ Nach dem Erkalten mit allen übrigen Zutaten mischen und kräftig mit Salz und Pfeffer abschmecken.
◆ Zusammen mit einem Blattsalat servieren.

Tip: Falls Sie keine frische Pfefferminze haben, Pfefferminze aus dem Teebeutel tut's auch und schmeckt hervorragend.

Lammfleischspiesse mit Joghurtsauce

1 grosse Zwiebel
500 g Lammfleisch, in gleichmässige mittelgrosse Würfel geschnitten
1 TL Salz
1 TL Kreuzkümmel, gemahlen
2 EL Olivenöl

5 Tomaten, enthäutet und in kleine Würfel geschnitten
Olivenöl
4 Scheiben Vollkornbrot oder Weissbrot, in etwa 1 cm grosse Würfel geschnitten
50 g Butter
2 Becher nordische Sauermilch oder Schafsmilchjoghurt, leicht gesalzen
Petersilienblättchen, grob gehackt
Salz, Pfeffer aus der Mühle

◆ Die Zwiebel im Cutter pürieren oder fein reiben und mit dem Fleisch, Salz, Kreuzkümmel und Olivenöl mischen. Zugedeckt 1 Stunde marinieren.
◆ Die Fleischwürfel auf Spiesse stecken und entweder auf dem Grill oder unter dem Grill im Backofen grillieren.
◆ In der Zwischenzeit die Tomatenwürfel bei milder Hitze in etwas Olivenöl braten, bis sie leicht zerfallen. Leicht salzen und pfeffern.
◆ Die Brotwürfelchen in der Butter knusprig braten und auf eine flache Platte legen.
◆ Die gebratenen Spiesse auf die Brotwürfel legen, die Tomatenwürfelchen und dann die nordische Sauermilch darüber verteilen. Mit Petersilie bestreuen.

Tip: Man kann aus dem Lammfleisch auch Hackfleischkügelchen machen. Doch diese geben entschieden mehr Arbeit als die Spiesse.

Zum orientalischen Vorspeisenbüffet gehören ausserdem grüne und schwarze Oliven, geviertelte Tomaten, Frühlingszwiebeln und warmes Pitabrot.

Serbischer Gemüsekaviar

750 g Auberginen
500 g grüne und rote Peperoni (Paprika)

Marinade:
2 EL Zitronensaft (evtl. mehr)
4 EL Olivenöl
2 EL Petersilie, gehackt
4 Knoblauchzehen, gepresst
Salz, viel frisch gemahlener schwarzer Pfeffer

◆ Die Auberginen und Peperoni auf ein mit Alufolie ausgelegtes Blech legen und unter dem Grill etwa 30 Minuten rundherum grillieren, bis die Haut schwarz ist. Alle 10 Minuten wenden.
◆ Das Gemüse leicht abkühlen lassen. Dann aus den Auberginen das Fruchtfleisch herausschaben und fein hacken. Von den Peperoni die Haut abziehen, so gut es geht, die Früchte längs in dünne Streifchen schneiden und diese wiederum in kleine Würfelchen.
◆ Für die Marinade alle Zutaten vermischen und das Gemüse darin mindestens 2 Stunden ziehen lassen. Vor dem Servieren nochmals gut und kräftig abschmecken.

Griechische Zucchini mit Skorthalia

500 g Zucchini, in dicke Scheiben geschnitten
Salz, Pfeffer aus der Mühle
Vollkornmehl oder Paniermehl
Olivenöl zum Ausbacken

Skorthalia (Knoblauchsauce):
5 Knoblauchzehen
125 g Vollkornbrot ohne Rinde
1 Bund Petersilie
1 Becher (180 g) Joghurt nature
1–2 EL Weissweinessig
3 EL Wasser
8 EL Olivenöl

Garnitur:
Petersilienblättchen

◆ Die Zucchinischeiben leicht salzen und pfeffern, im Vollkornmehl oder Paniermehl wenden, dann in Olivenöl auf beiden Seiten braten. Auf Haushaltpapier abtropfen lassen und nebeneinander hübsch auf einer Platte anrichten.

◆ Für die Knoblauchsauce den Knoblauch, das Vollkornbrot, Petersilie, Joghurt, Weissweinessig und Wasser pürieren, dann das Olivenöl im Faden dazugeben und zu einer mayonnaiseähnlichen Sauce aufschlagen. Mit Salz abschmecken.

◆ Die Knoblauchsauce löffelchenweise auf die gebratenen Zucchinischeiben verteilen und jeweils ein Petersilienblättchen darauf stecken.

Carpaccio di legumi

Gemüse-Carpaccio

1 Rettich
4 mittelgrosse Zucchini
1 Fenchelknolle
2 Tomaten
1 Bund Radieschen
1 Bund Basilikum
2 Limonen, Saft
8 EL Olivenöl
4 EL Parmesan, grob gerieben
Salz, Pfeffer aus der Mühle

◆ Rettich, Zucchini und Fenchel in sehr dünne Scheiben schneiden. Die Tomaten achteln oder klein würfeln. Den Basilikum in Streifen schneiden.

◆ Das Gemüse rosettenartig auf Tellern anrichten und mit den Radieschen und den Basilikumstreifchen ausgarnieren.

◆ Den Limonensaft mit dem Olivenöl und etwas Salz vermischen und über das Gemüse träufeln. Mit dem geriebenen Parmesan und mit schwarzem Pfeffer bestreuen.

◆ Mit Crostini oder Focaccia servieren.

Crostini mit Salsa rossa

4–6 Brotscheiben, halbiert

Belag:
50 g eingelegte getrockenete Tomaten, abgetropft
10 g Kapern, abgespült und abgetropft
½ TL Balsamicoessig
1 kleine Knoblauchzehe
2 EL Pinienkerne
4 EL Olivenöl

◆ Den Backofen auf 180 Grad vorheizen.
◆ Alle Zutaten für den Belag zusammen im Cutter oder von Hand sehr fein hacken, so dass ein feines Püree entsteht.
◆ Die Brotscheiben mit der Masse bestreichen und im vorgeheizten Ofen etwa 10 Minuten überbacken.

Crostini mit Pilzen

4–6 Brotscheiben, halbiert

Belag:
250 g Champignons oder Steinpilze, geputzt
1 Knoblauchzehe
1 kleine Zwiebel
½ Bund Petersilie und ein paar Basilikumblätter oder 1 EL Provencekräuter
4 EL Olivenöl
Salz, Pfeffer aus der Mühle

◆ Alle Zutaten für den Belag im Cutter oder von Hand sehr fein hacken und in einer sehr heissen Bratpfanne unter ständigem Rühren kurz durchbraten. Mit Salz und Pfeffer würzen.
◆ Die Brotscheiben toasten und mit der Masse bestreichen.

Crostini mit frischen Tomaten

4–6 Brotscheiben, halbiert
4 EL Olivenöl
4 grosse Tomaten, entkernt und ganz klein gewürfelt
schwarze Oliven, entsteint und klein gehackt
Basilikumblätter, in Streifchen geschnitten
Salz, Pfeffer aus der Mühle

◆ Die Brotscheiben leicht toasten und mit wenig Olivenöl beträufeln. Die klein gewürfelten Tomaten darauf verteilen. Ein kleines Häufchen gehackte Oliven darauf geben. Mit den Basilikumblättern bestreuen. Leicht salzen und pfeffern. Mit dem restlichen Olivenöl beträufeln und vor dem Servieren nach Belieben im Backofen lauwarm backen.

Focaccia mit Zwiebeln

Flacher Zwiebelkuchen mit Oliven

Teig:
350 g Dinkel, fein gemahlen
300 ml nordische Sauermilch (oder 250 g Joghurt nature mit 2 EL Vollrahm)
1 EL Olivenöl
1 gestrichener TL Salz
1 Würfel Hefe

oder:
500 g Pizzateig

Belag:
3 EL Olivenöl
500 g Zwiebeln, in Streifen geschnitten
ca. 10 schwarze Oliven, entkernt und gehackt
Salz, schwarzer Pfeffer aus der Mühle
Olivenöl

◆ Alle Teigzutaten mischen, zu einem geschmeidigen Teig kneten und etwa 30 Minuten gehen lassen.
◆ Ein grosses viereckiges Backblech gut buttern und mit dem Teig belegen. Keinen Rand machen!
◆ Den Backofen auf 200 Grad vorheizen.
◆ Für den Belag das Olivenöl in einer Bratpfanne erhitzen und die Zwiebelstreifen darin langsam weich dünsten.
◆ Die Zwiebeln und die Oliven auf dem Teig verteilen. Salzen und pfeffern und mit dem restlichen Olivenöl beträufeln. Im vorgeheizten Backofen rund 20 Minuten backen.

Tip: Statt Zwiebeln kann natürlich auch Käse genommen werden, z.B. Roquefort oder Feta.

Die noch warme Focaccia mit einem Salat servieren oder zu einem Vorspeisenbüffet reichen.

Insalata frutti di mare

Meeresfrüchtesalat

1 Sepia am Stück (250–300 g)
1 Kalamar am Stück (250–300 g)
200 g Pulpo, am Stück (oder Moscardini, kleiner Pulpo)
400 ml Weisswein
700 ml Wasser
170 g Seeteufel (Baudroie), in mundgerechte Stücke geschnitten
8 rohe Crevetten, geschält

Sauce:
1 TL Dijonsenf
1½ Zitronen, Saft
1 EL Weissweinessig
100 ml Olivenöl
¼ TL rote Peperoncini, fein geschnitten, oder Sambal Oelek
3 grosse Knoblauchzehen, gepresst
1 Bund glatte Petersilie, fein gehackt
Salz, schwarzer Pfefer

½ rote Peperoni (Paprika), in feine Streifchen geschnitten
2 Stengel Staudensellerie, das Kraut von einem fein gehackt
1 Tomate, entkernt, in kleine Würfelchen geschnitten
12 schwarze Oliven

◆ Von Sepia, Kalamar und Pulpo den Kopf mit den Beinen vom Körper lösen. Den Sack innen gut reinigen, die Beine abschneiden, den Kopf wegwerfen. Weisswein und Wasser zusammen aufkochen und alles zusammen darin 30 Minuten kochen. Kleinere Teile erst nach 10 Minuten Kochzeit beigeben.

Dann alles in schmale Streifchen schneiden. (Das Kochwasser für einen Risotto aufbewahren.)

◆ In der Zwischenzeit die Seeteufelstücke zusammen mit den Crevetten über Dampf 2–3 Minuten garen.

◆ Für die Sauce alle Zutaten vermischen und kräftig abschmecken. Fisch und Meeresfrüchte beifügen und mindestens 30 Minuten ziehen lassen.

◆ Vor dem Servieren das klein geschnittenen Gemüse darunter mischen und die Oliven darüber streuen.

Tip: Pulpo, Kalmar und Sepia können beim Fischhändler schon küchenfertig und geschnitten gekauft werden.

Lauwarmer Fischsalat mit grüner Sauce

8 Scampi oder Riesencrevetten, mit der Schale
150 g Lachsfilet, quer in 4 Tranchen geschnitten
150 g Seeteufelfilet (Baudroie), in 4 Tranchen geschnitten
150 g Steinbuttfilet, in 4 Tranchen geschnitten

Sauce:
100 g Brunnen- oder Gartenkresse
2 Bund Petersilie
1 Eigelb
1 EL Sherryessig
1 TL Dijonsenf
150 ml Traubenkernöl oder Maiskeimöl
Salz, Pfeffer aus der Mühle

diverse Salate

◆ Zuerst die Sauce zubereiten: Kresse und Petersilie im Cutter ganz fein pürieren, dann dieses Püree mit einem Suppenlöffel durch ein Teesieb drücken, dabei den Saft auffangen. Ergibt etwa 100–150 ml Saft.

◆ Eigelb, Sherryessig, Senf und wenig Kressesaft verrühren, dann das Traubenkernöl im Faden beifügen und weiterrühren, so dass eine Mayonnaise entsteht. Den restlichen Kressesaft beigeben und die Mayonnaise damit nach Bedarf verdünnen. Mit Salz und Pfeffer abschmecken.

◆ Die Scampi schälen, den Schwanz dabei daranlassen, am Rücken einschneiden und den Darm entfernen. Die Fischtranchen waschen, trockentupfen und leicht salzen. Alles zusammen über Dampf 3 Minuten dämpfen.

◆ Die Teller mit Salat auslegen, die Fische und Scampi darauf anrichten und alles mit der Sauce beträufeln.

Saucenvariante:

◆ 1 Bund Rucola im Cutter pürieren und mit dem Eigelb, dem Sherryessig und dem Dijonsenf vermischen. Dann Olivenöl darunter ziehen und die Sauce mit Salz, 1 Prise Zucker und Pfeffer abschmecken. Diese Sauce wird durch den Rucola leicht bitter. Etwas für Kenner!

Gemüsesalat mit Fischen

1 kg Gemüse, z.B. Kefen (Zuckerschoten), Karotten, Erbsen, Broccoli, Blumenkohl
Sherryessig, Olivenöl, Salz, Pfeffer aus der Mühle
600 g Fischfilets, z.B. Lachs, Eglifilets, Seezungenfilets

◆ Die Gemüse in dünne Scheiben oder in Stäbchen schneiden und über Dampf knackig garen.
◆ Sherryessig, Olivenöl, Salz und Pfeffer zu einer Vinaigrette verrühren und das Gemüse darin kurz marinieren.
◆ Die Fischfilets über Dampf etwa 3 Minuten garen, salzen und pfeffern und eventuell mit ein paar Tropfen Zitronensaft beträufeln.
◆ Den Gemüsesalat schön auf Tellern anrichten und die Fischfilets darauf geben.

Tip: Dies ist zusammen mit einem knusprigen Vollkornbrot oder Baguette ein ganzes Essen.

Statt mit Sherryessig eine Vinaigrette mit Zitronensaft machen. Eine kleine Prise Zucker oder eventuell ganz wenig Senf beigeben.

Riesencrevetten provençale

3 EL Olivenöl
12–16 Riesencrevetten oder Scampischwänze, geschält und Darm entfernt
1 EL Olivenöl
2 Tomaten, enthäutet, entkernt und klein gewürfelt
2 Knoblauchzehen, gepresst
1 Prise Zucker
1 Prise Safranpulver
1 EL Pernod
Salz, Pfeffer aus der Mühle

◆ Das Öl erhitzen und die Crevetten darin 2 Minuten gut durchbraten. Gut umrühren.
◆ In einem zweiten Pfännchen im Olivenöl die Tomatenwürfel mit dem Knoblauch kurz schwenken. Den Zucker beifügen und mit Salz und Pfeffer abschmecken.
◆ Die Tomatenwürfel zu den Crevetten geben, das Safranpulver und dann den Pernod beifügen und alles nochmals mit Salz und Pfeffer gut abschmecken.

Salat mit Guacamole

Avocadomousse

3 vollreife Avocados
1 Zitrone, Saft
2 EL Joghurt nature oder nordische Sauermilch
1 Msp. Sambal Oelek
verschiedene Blattsalate
Salz, Pfeffer aus der Mühle

Garnitur:
3 Frühlingszwiebeln, weisser Teil und Röhrchen klein gehackt
1 Tomate, entkernt und klein gewürfelt
100 g Feta, klein gewürfelt
6 schwarze Oliven, entsteint und gehackt

◆ Das Avocadofleisch aus der Schale heben und mit einer Gabel fein pürieren. Sofort mit dem Zitronensaft, dem Joghurt und Sambal Oelek mischen. Mit Salz und Pfeffer abschmecken.
◆ Teller mit Blattsalat auslegen und mit einer Zitronensaft-Olivenöl-Vinaigrette beträufeln. Das Avocadopüree in der Mitte anrichten. Alle Zutaten für die Garnitur mischen und darüber streuen.

Insalata bianca

500 g Fenchel, längs halbiert und in ½ cm dicke Scheiben geschnitten
200 g Staudensellerie, in 6 cm lange Stengel geschnitten und diese längs halbiert

Sauce:
1½ EL Zitronensaft
4 EL Olivenöl
Salz, schwarzer Pfeffer aus der Mühle

4 EL Parmesan, in hauchdünne Scheibchen geschnitten oder grob gerieben

◆ Das Gemüse über Dampf kurz knackig kochen und auf Salattellern schön anrichten.
◆ Für die Sauce alle Zutaten verrühren und über das Gemüse geben.
◆ Mit dem Parmesan bestreuen und nochmals schwarzen Pfeffer darüber mahlen.

Gemüseteller mit Frischkäse-Thon-Sauce

1 kg Gemüse, z.B. Zucchini, grüne Bohnen, Karotten, in lange Streifen geschnitten

Sauce:
1 kleine Dose Thon (Thunfisch; möglichst in Meerwasser eingelegt)
1 kleiner Kräuterfrischkäse
100 ml Sauermilch oder Joghurt, möglichst fettarm
Salz, Pfeffer aus der Mühle

1 EL Kapern, nach Belieben

◆ Das Gemüse über Dampf knackig weich kochen oder weich dünsten.
◆ Für die Sauce alle Zutaten mixen und abschmecken.
◆ Das Gemüse auf einer Platte oder einem Teller hübsch arrangieren. Die Sauce separat dazu servieren oder über das Gemüse geben. Mit den Kapern bestreuen. Der Gemüseteller kann kalt, lauwarm oder warm serviert werden.

Tip: Thon und Kräuterfrischkäse ohne die Sauermilch gemixt, ergibt eine feine Füllung für Gemüse, z.B. Tomaten oder Selleriestangen.

Salat mit Birnen und Pecorino

Verschiedene Blattsalate
1 Birne
2 Stangen Staudensellerie, fein geschnitten
100 g Pecorino, klein gewürfelt
ein paar Baumnüsse, gehackt und geröstet
1 Bund Schnittlauch, fein geschnitten

Sauce:
2 EL Zitronensaft
4 EL Olivenöl
½ Birne
Salz, schwarzer Pfeffer aus der Mühle

◆ Salatteller mit Blattsalat auslegen.
◆ Die Birne entkernen, in Scheiben schneiden und sofort mit Zitronensaft beträufeln. Schön auf dem Blattsalat anordnen. Dann Selleriescheibchen, Käsewürfelchen und Baumnüsse darüber verteilen.
◆ Die Zutaten zur Salatsauce kurz mixen, die Sauce abschmecken und über den Salat verteilen. Alles mit Schnittlauch bestreuen.

Fromage de chèvre grillé sur salade

Grillierter Ziegenkäse auf Salat

Verschiedene Blattsalate
4 dünne Scheiben Brot
4 kleine Ziegenkäslein

Sauce:
4 EL kalt gepresstes Olivenöl
2 EL Zitronensaft
1 Knoblauchzehe, durchgepresst
Salz, Pfeffer aus der Mühle

◆ Teller mit Salatblättern schön auslegen.
◆ Die Brotscheiben im Backofen kurz unter dem Grill rösten, den Käse darauf legen und weiter grillieren, bis er etwas Farbe angenommen hat, aber noch nicht schmilzt.
◆ Die Brotscheiben auf den Salat legen und den Salat mit der Sauce beträufeln.

Ziegenkäse mit Ratatouille und Auberginenpüree

4 Brotscheiben
1 Knoblauchzehe, halbiert
2 EL Olivenöl
4 kleine Ziegenkäse
1 EL Petersilie, fein gehackt
ein paar Salatblätter
4 kleine Tomaten, längs geviertelt
4 EL Ratatouille, kalt (siehe Rezept, Seite 79)
4 EL Auberginenpüree (siehe Rezept, Seite 55)
evtl. etwas Olivenöl und Zitronensaft

◆ Die Brotscheiben auf beiden Seiten mit Knoblauch einreiben und im Olivenöl braten. In die Mitte der Teller setzen. Je einen Ziegenkäse darauf legen und mit Petersilie bestreuen.
◆ Die restlichen Zutaten darum herum anordnen und nach Belieben mit etwas Zitronensaft und Olivenöl beträufeln.
◆ Entweder als Vorspeise oder als ganze kleine Mahlzeit servieren.

Suppen

Soupe au pistou

Gemüsesuppe mit Basilikum

200 g weisse Bohnen, über Nacht eingeweicht
2 EL Gemüsebouillonpulver
500 g grüne Bohnen, in 5 cm lange Stücke geschnitten
2 grosse Kartoffeln, in grosse Würfel geschnitten
500 g Tomaten, geschält und in grosse Würfel geschnitten
500 g Zucchini, in Scheiben geschnitten
2 Stangen Lauch, in 2 cm lange Stücke geschnitten
100 g dicke Makkaroni, 5 Minuten in Salzwasser vorgekocht
Salz, Pfeffer aus der Mühle

Pistou:
3–4 Knoblauchzehen
2 grosse Bund Basilikum
100 g Parmesan, gerieben
4 EL Olivenöl

◆ Die weissen Bohnen in ungesalzenem Wasser knapp weich kochen. Abgiessen.
◆ 1,5 Liter Wasser mit dem Gemüsebouillonpulver aufsetzen, alle Zutaten ausser den Makkaroni beifügen und das Gemüse darin weich kochen.
◆ Die Makkaroni beifügen, mitkochen, bis auch sie weich sind und dann die Suppe mit Salz und Pfeffer abschmecken.
◆ Für den Pistou alle Zutaten im Mörser oder im Cutter vermischen.
◆ Die Suppe in Teller anrichten und jeweils einen Klacks Pistou in die Mitte darauf geben.

Kalte Gurkensuppe

1 Salatgurke, geschält
½ l Joghurt nature
1 EL Petersilie
1 EL Dill
Salz, Pfeffer aus der Mühle

Dill oder Petersilie als Garnitur

◆ Alle Zutaten im Mixer pürieren. Mindestens 10 Minuten stehen lassen und dann nachwürzen.
◆ Nach Belieben mit kleinen Gurkenwürfelchen, gerösteten Brotwürfelchen, klein gehacktem Räucherlachs, klein gewürfeltem Fetakäse servieren.

Broccoli-Kartoffelsuppe mit Parmesan-Croûtons

200 g Kartoffeln
2 Knoblauchzehen, gehackt
800 ml Wasser
200 g Broccoli, klein geschnitten
Salz, Pfeffer, Muskatnuss
1 EL Olivenöl, kalt gepresst

Parmesan-Croûtons:
4 Scheiben Brot, halbiert
1 Knoblauchzehe
50 g Parmesan, gerieben
2 EL Olivenöl

◆ Die Kartoffeln mit dem Knoblauch im Wasser weich kochen. Pürieren.
◆ Den Broccoli in kleine Stücke schneiden, beifügen und weich kochen.
◆ Mit Salz, Pfeffer und Muskatnuss abschmecken. Am Schluss das Olivenöl beifügen.
◆ Den Backofen auf 250 Grad, Oberhitze oder Grill, vorheizen.
◆ Die Brotscheiben mit der Knoblauchzehe einreiben und auf das Backblech legen. Geriebenen Parmesan darüber streuen und mit Olivenöl beträufeln. Im Backofen kurz rösten.

Kalte Avocadosuppe

2 reife Avocados
etwas Zitronensaft
1 Becher (180 g) Joghurt nature
400 ml Gemüsebouillon, gekühlt
100 ml Weisswein
Pfeffer aus der Mühle, Worcestershiresauce, Muskatnuss, Meersalz
100 ml Rahm
ein paar Cherrytomaten, halbiert

◆ Die Avocados schälen, halbieren und den Stein entfernen. Eine Avocadohälfte in dünne Scheiben schneiden und diese jeweils auf beiden Seiten mit Zitronensaft bestreichen. Als Garnitur bereitstellen.
◆ Die restlichen Avocados mit etwas Zitronensaft, dem Joghurt, der Gemüsebouillon und dem Weisswein im Mixer pürieren. Mit Pfeffer, wenig Worcestershiresauce, Muskatnuss und Meersalz abschmecken.
◆ Den Rahm leicht schlagen und locker darunter ziehen.
◆ Die Suppe in Tässchen geben und mit den vorbereiteten Avocadoscheiben und den halbierten Cherrytomaten ausgarnieren.

Gurkensuppe (vorne), Rezept Seite 67;
Avocadosuppe (hinten)

Gemüsegerichte

Italienisches Fenchelgemüse

1 kg Fenchel, in Streifchen geschnitten
4 EL Olivenöl
1 TL Zitronensaft und die abgeriebene Schale von ½ Zitrone
1 Bund Schnittlauch oder Fenchelkraut
Hefestreuwürze oder Kräutersalz, Pfeffer aus der Mühle

◆ Den Fenchel über Dampf knackig weich kochen. Dies dauert nur ein paar Minuten.
◆ In einer grossen Bratpfanne das Olivenöl erhitzen und den gut abgetropften Fenchel darin zusammen mit der Zitronenschale und dem Zitronensaft kurz durchschwenken. Mit den Kräutern vermischen und mit Hefestreuwürze oder Kräutersalz und Pfeffer abschmecken.

Involtini di melanzane

Gefüllte Auberginenröllchen

2 Auberginen, längs in 3 mm dünne Scheiben geschnitten
Olivenöl
Tomatenpüree
1 Bund frischer Basilikum
100 g möglichst alter Gorgonzola
wenig Weisswein

◆ Die Auberginenscheiben mit Olivenöl bestreichen und in einer trockenen Grillpfanne (oder im Backofen unter dem Grill) auf beiden Seiten grillieren, bis sie braune Streifen haben.
◆ Den Backofen auf 200 Grad vorheizen.
◆ Die Auberginenscheiben auf einer Seite mit Tomatenpüree bestreichen, 2 bis 3 Basilikumblätter darauf legen, am einen Ende einen kleinen Streifen Gorgonzola darauf geben und satt einrollen. Die Röllchen in eine Gratinform legen, mit wenig Weisswein umgiessen und im vorgeheizten Backofen 15 Minuten gratinieren.

Tip: Zusammen mit einem Kartoffelpüree mit Olivenöl ist dies eine wunderbare vegetarische Mahlzeit. Die Involtini können aber auch allein lauwarm zu einem Salat oder mit einem knusprigen Vollkornbrot als Vorspeise serviert werden.

Gefüllte Auberginenröllchen
und Kartoffelpüree mit Olivenöl

Finocchi al forno

Fenchel im Ofen gebacken

600 g Fenchel, in ½ cm dicke Scheiben geschnitten, Fenchelgrün gehackt
50 ml Weisswein
50 ml Gemüsebouillon
50 g Parmesan, gerieben
1 TL abgeriebene Zitronenschale
4 EL Olivenöl
Salz, schwarzer Pfeffer aus der Mühle

Den Backofen auf 200 Grad vorheizen.

◆ Den Fenchel über Dampf knackig garen. In eine gut gebutterte Gratinform legen. Mit Weisswein und Gemüsebouillon übergiessen. Salzen und pfeffern und dann den Parmesan und die abgeriebene Zitronenschale darüber streuen. Mit dem Olivenöl beträufeln.
◆ 20 Minuten im vorgeheizten Ofen überbacken. Mit dem Fenchelgrün bestreuen und servieren.

Tip: Die geriebene Zitronenschale gibt diesem Gericht einen ganz besonders raffinierten Geschmack.

Auch jedes andere Gemüse kann auf diese Art zubereitet werden.

Griechisches Gemüse

2 kg Gemüse, z.B. Peperoni (Paprika), Fenchel, Frühlingszwiebeln, Zucchini, Blumenkohl, Spargeln, in Scheiben oder grosse Stücke geschnitten
2 grosse Zwiebeln, längs in Streifen geschnitten
2 ganze Knoblauchzehen oder mehr

Kochsud:
100 ml Olivenöl
150 ml Weisswein oder Apfelwein
4 EL Zitronensaft und die ausgepresste Zitrone, in Viertel geschnitten
2 Thymianzweige
2 Lorbeerblätter
1 EL Korianderkörner
1 TL Pfefferkörner
1 TL Akazienhonig
1 Briefchen Safranpulver
1 TL Salz
Fenchelgrün oder Dill, grob gehackt

◆ In einem grossen, weiten Topf oder im Wok alle Zutaten zum Kochsud mischen und aufkochen. Die Gemüse hineingeben und zugedeckt al dente kochen. In der Flüssigkeit erkalten lassen.
◆ Das Gemüse lauwarm oder kalt zu grilliertem Fleisch oder zu Fisch essen oder als vegetarische Vorspeise zusammen mit Oliven und knusprigem Brot.

Zucchini mit Pilzfüllung

4 mittelgrosse Zucchini, längs halbiert
1 EL Thymian, fein gehackt
100 g Feta, fein zerbröckelt
20 g getrocknete Steinpilze, eingeweicht, ausgedrückt und grob gehackt
2 Knoblauchzehen, durchgepresst
1 Ei, verquirlt
200 ml Gemüsebouillon oder Weisswein
Paniermehl aus altem Vollkornbrot, vermischt mit 2 EL Provencekräutern
200 ml Sauerrahm
2 EL Tomatenpüree
1 TL Hefepaste
Pfeffer aus der Mühle, Salz
1 EL Petersilie, fein gehackt

◆ Die Zucchini aushöhlen und das Fruchtfleisch klein hacken.

◆ Eine Gratinform gut ausbuttern und die ausgehöhlten Zucchini hineinlegen. Den Backofen auf 200 Grad vorheizen.

◆ Das Zucchinifleisch mit dem Thymian, Feta, den Steinpilzen, dem Knoblauch und Ei gut vermischen, mit Salz und Pfeffer abschmecken und in die Zucchinischiffchen füllen.

◆ Gemüsebouillon oder Weisswein dazugiessen und die gefüllten Zucchini etwa 30 Minuten zugedeckt im vorgeheizten Ofen backen.

◆ Alufolie doppelt zusammenfalten, auf die Zucchinischiffchen drücken und den Saft in einen kleinen Topf abgiessen. Die Zucchinischiffchen mit dem Paniermehl und den Provencekräutern bestreuen und mit etwas Olivenöl beträufeln. Offen weitere 15 Minuten im Ofen backen.

◆ Den abgegossenen Saft zusammen mit dem Sauerrahm, dem Tomatenpüree und der Hefepaste etwas einköcheln lassen. Mit Salz und Pfeffer abschmecken. Diese Sauce um die Zucchini giessen und alles mit der Petersilie bestreuen.

Auberginen alla Parmigiana

750 g–1 kg Auberginen
Olivenöl zum Braten
2 Stück Mozzarella, in dünne Scheiben geschnitten
200 ml Tomatensauce oder 4 frische Tomaten, geschält und gewürfelt
2 Knoblauchzehen, fein gehackt
1 Bund Basilikum, in Streifchen geschnitten
75 g Greyerzer oder Parmesan, gerieben
4 EL Olivenöl zum Beträufeln (bei Greyerzer nicht nötig!)
Salz, schwarzer Pfeffer aus der Mühle

◆ Die Auberginen in Scheiben schneiden, diese beidseits mit Olivenöl bestreichen und in einer Grillpfanne oder im Backofen unter dem Grill auf beiden Seiten braten.

◆ Den Backofen auf 180 Grad vorheizen.

◆ Eine Gratinform ausbuttern. Die gebratenen Auberginenscheiben salzen und ziegelförmig in die Gratinform schichten. Dazwischen jeweils Mozzarellascheiben legen.

◆ Die Tomatensauce oder Tomatenwürfel darüber geben. Alles salzen und pfeffern, dann den gehackten Knoblauch und die Basilikumstreifchen darüber streuen. Mit dem geriebenen Käse bestreuen und mit Olivenöl beträufeln. Im vorgeheizten Ofen 20 Minuten gratinieren.

Kartoffeln mit Grappa und Gorgonzolarahm

2 kg grobes Meersalz (Badesalz aus der Drogerie)
1 kg möglichst grosse Kartoffeln, gebürstet

Gorgonzolarahm:
100 g Gorgonzola
2 EL Vollrahm
100 ml Vollrahm, steif geschlagen

Grappa
Pfeffer aus der Mühle

- Den Backofen auf 200 Grad vorheizen.
- Das grobe Meersalz in eine Gratinform geben und die Kartoffeln hineinstecken, so dass sie vom Salz fast bedeckt sind. Im vorgeheizten Ofen etwa 1 Stunde backen.
- Den Gorgonzola mit einer Gabel zerdrücken und dabei mit den 2 Esslöffeln Rahm vermischen. Den steif geschlagenen Rahm darunter ziehen.
- Die Kartoffeln aus dem Salz nehmen und quer halbieren. Etwas Grappa auf die Schnittfläche träufeln, mit Pfeffer aus der Mühle würzen und eine Haube Gorgonzolarahm darauf setzen.

Tip: Dies ist eine herrliche Variante zu den bekannten Baked Potatoes mit Sauerrahm.

Frühlingsgemüse mit Morcheln

2 EL Olivenöl
1 Schalotte, fein gewürfelt
4 Knoblauchzehen, fein gehackt oder durchgepresst
100 g frische oder 25 g getrocknete Morcheln
1 kg frisches Frühlingsgemüse, in grobe Streifen geschnitten
100 g tiefgekühlte Erbsen
100 ml Gemüsebouillon
1 Bund frische Kräuter, z.B. Kerbel, Schnittlauch
Salz, Pfeffer aus der Mühle

- Im heissen Olivenöl die Schalotte und den Knoblauch leicht dünsten, aber nicht braun werden lassen. Die Morcheln und das Gemüse beigeben und kurz durchdünsten. Mit der Gemüsebouillon ablöschen und auf kleinem Feuer knackig köcheln.
- Mit frischen Kräutern bestreut servieren.

Tip: Bei der Verwendung von getrockneten Morcheln diese zuerst 30 Minuten einweichen.

Patate frite con pomodori

Gefüllte gebratene Kartoffeln mit Tomaten

2–3 grosse mehlige Kartoffeln
1 kleines Döschen Sardellen, in 1 cm lange Stückchen geschnitten
1 Zweig Rosmarin
3 grosse Knoblauchzehen, in dünne Scheiben geschnitten
Olivenöl

3 Tomaten, in 2 cm grosse Würfel geschnitten
4 Zweige Oregano, abgezupfte Blättchen
1 kleine Zwiebel, fein gehackt
2 EL kalt gepresstes Olivenöl
1 TL Balsamicoessig
Salz, Pfeffer aus der Mühle

◆ Die Kartoffeln gut bürsten – nicht schälen! – und mit einem Hobel in hauchdünne, möglichst grosse Scheiben schneiden. Die Hälfte der Kartoffelscheiben auf Küchenpapier auslegen. Auf jede Kartoffelscheibe 1 Sardellenstückchen, 1 Rosmarinnadel und 1 Knoblauchscheibe legen. Mit einer zweiten Kartoffelscheibe bedecken und mit den Fingern dem Rand entlang rundherum etwas anpressen.

◆ Etwas Olivenöl in einer grossen Bratpfanne erhitzen und die gefüllten Kartoffelscheiben auf beiden Seiten knusprig braten. Auf Küchenpapier abtropfen lassen.

◆ Die Tomatenwürfel mit den übrigen Zutaten mischen und in die Mitte einer Platte geben. Die gebratenen Kartoffelscheiben rundherum anordnen.

Tip: Besonders fein schmecken diese Kartoffeln auch gefüllt mit kleinen Parmesanstückchen, Rosmarin und Knoblauch oder mit Mozzarellastückchen, Rosmarin und Knoblauch (etwas salzen!).

Gefüllte Kartoffeln mit Pecorino

4 sehr grosse längliche Kartoffeln

Füllung:
2 EL Olivenöl
1 Schalotte, fein gehackt
1 Knoblauchzehe, fein gehackt
200 g Broccoli, in kleine Röschen zerteilt
100 g Cherrytomaten, halbiert oder geviertelt
200 g Pilze, z.B. Eierschwämmchen, Champignons
100 ml Gemüsebouillon
100 ml Vollrahm
50 g Pecorino (Ziegenkäse), klein gewürfelt
50 g Sonnenblumenkerne oder Sesamsamen
Salz, Pfeffer aus der Mühle
Petersilie als Garnitur

◆ Die Kartoffeln waschen und über Dampf weich kochen, so dass die Haut nicht platzt.

◆ Für die Füllung Schalotte und Knoblauch im Olivenöl anziehen lassen, dann Broccoli, Tomaten und Pilze beifügen, Gemüsebouillon und Rahm dazugiessen und das Gemüse knackig weich kochen.

◆ Die Kartoffeln oben längs einschneiden und mit einem Löffel vorsichtig das weiche Innere herausheben. Zur Gemüsefüllung geben und diese mit Salz und Pfeffer würzen.

◆ Die ausgehöhlten Kartoffeln jeweils auf ein Stück Alufolie geben, die Füllung in die Kartoffeln verteilen, den Pecorino und die Sonnenblumenkerne oder Sesamsamen darüber streuen und die Kartoffeln nochmals kurz unter dem Backofengrill (oder bei grosser Oberhitze) überbacken. Mit Petersilie garnieren.

◆ Dazu einen feinen, mit Olivenöl und Balsamicoessig angemachten Rucolasalat servieren.

Rosmarinkartoffeln

1 kg Kartoffeln, in der Schale gekocht
2 Rosmarinzweige
100 ml Weisswein
4–6 EL Olivenöl
Salz, Pfeffer aus der Mühle

◆ Den Backofen auf 220 Grad vorheizen. Eine Gratinform gut ausbuttern und einen Rosmarinzweig auf den Boden legen.
◆ Die Kartoffeln längs vierteln und in die Gratinform geben. Den Weisswein dazugiessen.
◆ Vom zweiten Rosmarinzweig die Nadeln abzupfen und über die Kartoffeln verteilen. Mit Olivenöl beträufeln, salzen und pfeffern.
◆ Im vorgeheizten Ofen etwa 20 Minuten backen.

Tip: Die Kartoffeln können auch in der Bratpfanne zubereitet werden.

Provenzalisches Ratatouille

Nach Jacques Maximin

Olivenöl
1 Zwiebel, grob gehackt
5 Knoblauchzehen, gehackt
5 grosse Fleischtomaten, geschält, entkernt und in Würfel geschnitten (oder 1 Dose Pelati)
2 Auberginen, in würfelzuckergrosse Stücke geschnitten
2–4 Zucchini, in würfelzuckergrosse Stücke geschnitten
je 2 rote und grüne Peperoni (Paprika), in würfelzuckergrosse Stücke geschnitten
1 Fenchelknolle, in ganz feine Streifchen geschnitten
1 Stange Lauch, nur das Weisse, in Streifchen geschnitten
1 Stange Staudensellerie, in Streifen geschnitten
1 Bund Basilikum, Blättchen in Streifen geschnitten
1 Zweig Thymian
1 Lorbeerblatt
1 Salbeiblatt
Olivenöl
Salz, Pfeffer aus der Mühle

◆ Den Backofen auf 200 Grad vorheizen.
◆ In einer grossen Bratpfanne 2 Esslöffel Olivenöl heiss werden lassen, Zwiebel und Knoblauch darin andünsten, die Tomaten beigeben und zu einem dicken Brei einkochen. In eine grosse eingeölte Gratinform geben.
◆ In einer weiten Bratpfanne wieder etwas Öl erhitzen und nacheinander die Auberginenwürfel, die Zucchiniwürfel, dann die Peperoniwürfel und am Schluss das übrige Gemüse gut anbraten. Zu den Tomaten in die Gratinform geben.
◆ Die Kräuter dazugeben, alles gut mischen und mit Salz und Pfeffer kräftig abschmecken. Die Gratinform gut mit Alufolie abdecken und das Ratatouille im vorgeheizten Ofen 1–1½ Stunden backen.

Tip: Dieses Ratatouille gibt etwas Arbeit, da die Gemüse einzeln angebraten werden, bevor man sie zusammenmischt. Aber das Ergebnis lohnt die Mehrarbeit!

Gemüse mit Dill-Zitronen-Pesto

1 kg Gemüse, z.B. Bohnen, Zucchini, Fenchel, Karotten, Blumenkohl, Broccoli, in grobe Stücke geschnitten
Kräutersalz

Pesto:
2 EL Zitronensaft
3 EL Wasser
3 Scheiben Brot, Rinde weggeschnitten
1 Bund frischer Dill
1 Bund glatte Petersilie
2 TL Dijonsenf
½ TL abgeriebene Zitronenschale
wenig Zucker
100 ml Olivenöl
Salz, Pfeffer aus der Mühle

◆ Das Gemüse über Dampf knackig kochen. Mit Kräutersalz bestreuen.

◆ Für den Pesto Zitronensaft und Wasser mischen, das Brot darin 10 Minuten einweichen, dann ausdrücken. Das Brot zusammen mit den übrigen Zutaten im Mixer pürieren. Salzen und pfeffern.

Verdure miste al forno

Gemischtes Gemüse im Ofen gratiniert

2 Zapfen weisser Chicorée, längs halbiert
2 Fenchelknollen, in ½ cm dicke Scheiben geschnitten
12 Champignons
2 mittelgrosse Zucchini, längs halbiert
2 Frühlingszwiebeln, geviertelt
2 Karotten, längs geviertelt
2 Tomaten, halbiert
2 Köpfe Lattich, längs geviertelt
50 ml Weisswein
50 ml Gemüsebouillon
Salz, Pfeffer aus der Mühle

Pesto:
1 Bund Basilikum oder Oregano
50 g Parmesan, gerieben
4 EL Olivenöl

◆ Das Gemüse über Dampf knackig kochen und in eine gebutterte Gratinform schichten. Den Weisswein und die Gemüsebouillon dazugiessen und mit Salz und Pfeffer würzen.

◆ Den Backofen auf 180 Grad vorheizen.

◆ Für den Pesto Basilikum oder Oregano, Parmesan und Olivenöl im Mixer pürieren und auf dem Gemüse verteilen.

◆ Das Gemüse im vorgeheizten Ofen 20 Minuten gratinieren.

Zucchini-Tomaten-Gratin

3 EL Olivenöl
1 grosse Zwiebel, in Streifen geschnitten
3 Knoblauchzehen, grob gehackt
je 1 rote und grüne Peperoni (Paprika), in Streifchen geschnitten
1 Aubergine, in dünne Scheiben geschnitten
500 g kleine Zucchini, in 5 mm dicke Scheiben geschnitten
500 g Tomaten, in Scheiben geschnitten
4 Salbeiblätter, fein gehackt
1 Thymianzweig
Olivenöl
50 g Parmesan
50 g Paniermehl
Salz, Pfeffer aus der Mühle

◆ In einer grossen Bratpfanne das Öl erhitzen und darin Zwiebel, Knoblauch, Peperonistreifen und Auberginenscheiben 10 Minuten auf kleinem Feuer braten. Salzen und pfeffern.

◆ Den Backofen auf 200 Grad vorheizen.

◆ Diese Mischung auf den Boden einer eingeölten Gratinform geben. Die Zucchini- und Tomatenscheiben ziegelförmig darauf anordnen. Mit den gehackten Salbeiblättern und den abgezupften Thymianblättchen bestreuen und nochmals salzen und pfeffern. Mit wenig Olivenöl beträufeln und im vorgeheizten Ofen 20 Minuten backen.

◆ Herausnehmen, mit dem Parmesan und dem Paniermehl bestreuen und nochmals mit Olivenöl beträufeln. Weitere 10 Minuten backen.

Provenzalischer Zucchini-Spinat-Gratin

500 g frischer oder 200 g tiefgekühlter Blattspinat
750 g Zucchini
3 Eier
3 EL Zitronensaft
3 Knoblauchzehen, fein gehackt oder durchgepresst
3 EL Petersilie, fein gehackt
Salz, Pfeffer aus der Mühle, Muskatnuss
Paniermehl, wenn möglich aus Vollkornbrot
3 EL Olivenöl

◆ Den gewaschenen frischen Spinat über Dampf zusammenfallen lassen, etwas abkühlen lassen, dann ausdrücken und mit einem grossen Messer grob hacken. (Tiefgekühlten Spinat auftauen lassen, ausdrücken und ebenfalls grob hacken.) Die Zucchini in etwa 3 mm dicke Scheiben schneiden.

◆ Die Eier zusammen mit dem Zitronensaft, dem Knoblauch und der Petersilie verklopfen. Zucchini und Spinat darunter mischen und gut mit Salz, Pfeffer und Muskatnuss würzen.

◆ Den Backofen auf 220 Grad vorheizen.

◆ Eine Gratinform leicht mit Öl ausstreichen, das Gemüse hineingeben, mit dem Paniermehl bestreuen und mit dem Olivenöl beträufeln. Etwa 35 Minuten im vorgeheizten Ofen backen.

Zucchini-Tomaten-Gratin (vorne),
Tabbouleh (hinten), Rezept Seite 58

Fagioli alla Margarita

200 g weisse getrocknete Bohnen, über Nacht eingeweicht
400 g frische grüne Bohnen, in 6 cm lange Stücke geschnitten
2 Salbeiblätter
1 Knoblauchzehe
2 EL Olivenöl
2 EL Aceto di Modena (italienischer Rotweinessig)
1 Schalotte oder kleine Zwiebel, fein gehackt
½ Knoblauchzehe, fein gehackt oder gepresst

◆ Die weissen Bohnen in frischem Wasser im Dampfkochtopf ohne Salz 10 Minuten kochen.
◆ In der Zwischenzeit die grünen Bohnen über Dampf weich kochen.
◆ 2 Esslöffel von den gekochten weissen Bohnen zusammen mit den Salbeiblättern, dem Knoblauch, dem Olivenöl, Aceto di Modena und so viel Kochflüssigkeit im Mixer pürieren, dass eine sämige Sauce entsteht. Mit Salz und frisch gemahlenem Pfeffer abschmecken.
◆ In einer Bratpfanne 1 Esslöffel Olivenöl erhitzen. Die gehackte Schalotte und den Knoblauch darin kurz andünsten, dann die grünen und weissen Bohnen beigeben und gut mischen. Abschmecken.
◆ Die Bohnen anrichten und die Sauce darüber giessen.

Kichererbsen mit Tomaten und Pancetta

250 g Kichererbsen, über Nacht eingeweicht
4 EL Olivenöl
2 grosse Knoblauchzehen
100 g Pancetta oder Speckscheiben, in kleine Würfel oder Streifchen geschnitten
6 Salbeiblätter
3–4 Tomaten, geschält, klein gewürfelt
Salz, Pfeffer aus der Mühle

◆ Die Kichererbsen mit der doppelten Menge Wasser im Dampfkochtopf 15 Minuten kochen.
◆ Das Olivenöl erhitzen, Knoblauch und Speck darin leicht anrösten, die Salbeiblätter und die Tomatenwürfel darunter mischen. Mit Salz und Pfeffer kräftig würzen. Falls nötig, noch etwas Wasser hinzufügen.
◆ Den Backofen auf 180 Grad vorheizen.
◆ Eine Gratinform einölen. Die Kichererbsen zusammen mit der Tomatenmischung hineingeben und im vorgeheizten Ofen 1 Stunde zugedeckt schmoren.

Tip: Dazu frische Tomatenviertel, knuspriges Brot und ein Glas Rotwein servieren. Eine herrlich einfache, gesunde Mahlzeit. Passt auch als Beilage zu grilliertem Fleisch und Salat.

Pasta, Reis, Mais

Pasta ai Carciofi, Zucchini e Olive

Teigwaren mit Artischocken, Zucchini und Oliven

400 g Teigwaren

Sugo:
4 EL Olivenöl
400 g Zucchini, grob gewürfelt
2 grosse Knoblauchzehen, gepresst
400 g Tomaten, grob gewürfelt
200 g kleine Artischocken, tiefgekühlt oder in Öl eingelegt, halbiert
100 g schwarze Oliven, entsteint, geviertelt
100 ml Weisswein oder Rotwein
1 TL Akazienhonig oder Vollrohrzucker
1 Bund Basilikum, in Streifchen geschnitten
Salz, schwarzer Pfeffer aus der Mühle

◆ Die Teigwaren al dente kochen.

◆ Die Zucchini im Olivenöl gut anbraten, den Knoblauch dazupressen, gut mitdünsten, dann die Tomatenwürfel und zuletzt die Artischocken und Oliven beigeben. Dem Weisswein ablöschen, den Akazienhonig oder Vollrohrzucker dazugeben und alles 10–15 Minuten leise köcheln lassen.

◆ Zuletzt den Basilikum beigeben und mit Salz und viel frisch gemahlenem schwarzem Pfeffer gut abschmecken.

Teigwaren mit Zitronen-Salbei-Öl

Zitronen-Salbei-Öl:
3–4 EL Olivenöl
ca. 10 frische Salbeiblätter, gehackt
2 Zitronen, abgeriebene Schale
2 grosse Knoblauchzehen, gehackt
½ TL Salz
1 TL ganze Pfefferkörner
Parmesan, gerieben

400 g Nudeln

◆ Für das Zitronen-Salbei-Öl das Olivenöl erhitzen, alle Würzzutaten in einer hitzefesten Schüssel mischen und mit dem heissen Olivenöl übergiessen. Etwas abkühlen lassen, dann kurz mixen. Mindestens 12 Stunden im Kühlschrank durchziehen lassen. Dann wieder auf Raumtemperatur aufwärmen und durch ein Sieb giessen.

◆ Die Teigwaren al dente kochen und mit dem Gewürzöl mischen. Mit Parmesan bestreuen und nach Belieben noch mit Pfeffer nachwürzen.

Safrannudeln mit Spargelsauce

Nudelteig:
250 g Dinkelmehl, fein gemahlen, Kleie ausgesiebt
1 TL Safranpulver
1 Prise Salz
3 Eigelb
3 EL Olivenöl
wenig Wasser

oder:
400 g gekaufte Safrannudeln

Spargelgemüse:
400 g grüne oder weisse Spargeln
4 EL Butter oder kalt gepresstes Olivenöl
1 kleine Schalotte oder Zwiebel, ganz fein gehackt
100 ml Gemüsebouillon und 1 EL Weisswein
Salz, viel schwarzer Pfeffer aus der Mühle

2 EL Parmesan, gerieben
1 Bund Schnittlauch, in 1–2 cm lange Stückchen geschnitten
1 EL Kürbiskerne

◆ Für den Nudelteig alle Zutaten zusammen mit wenig Wasser zu einem glatten, elastischen, noch etwas feuchten Teig verkneten. Mindestens 30 Minuten ruhen lassen. Dann den Teig mit der Nudelmaschine ausrollen und zu Nudeln schneiden. In gesalzenem Wasser al dente kochen.

◆ Die Spargeln über Dampf weich kochen. Herausnehmen und etwas abkühlen lassen. Die Spargelspitzen abschneiden, längs halbieren und beiseite stellen. Den Rest der Spargelstangen in dünne Rondellen schneiden. In einer kleinen Pfanne die Butter oder das Olivenöl erhitzen, die Schalotte oder Zwiebel darin sorgfältig weich dünsten und dann mit der Gemüsebouillon und dem Weisswein ablöschen. Die Spargeln darin kurz aufwärmen, mit Salz und viel frisch gemahlenem schwarzem Pfeffer würzen.

◆ Die Nudeln auf eine Platte oder auf Teller geben und die Spargeln darüber verteilen, mit den Spargelspitzen ausgarnieren. Nochmals mit schwarzem Pfeffer bestreuen, mit Parmesan, Schnittlauch und Kürbiskernen bestreuen.

Tip: Selbst gemachte Vollkornnudeln schmecken wunderbar und sind natürlich sehr gesund – aber es dürfen ausnahmsweise auch einmal «normale» Nudeln sein!

Teigwaren mit Oliven-Auberginen-Sugo

400 g Teigwaren

2 grosse Knoblauchzehen, gepresst
50 g Oliven, entsteint, geviertelt
6 EL Olivenöl
500 g Tomaten, klein gewürfelt
1 EL Tomatenpüree
ein kleines Stück roter Peperoncino, fein geschnitten, oder ⅓ TL Sambal Oelek
250 g Auberginen, gewürfelt
1 EL Kapern, abgespült
1 Bund Basilikum, in Streifchen geschnitten
40 g Pinienkerne, geröstet
Salz, schwarzer Pfeffer aus der Mühle

◆ Die Teigwaren al dente kochen.

◆ Den Knoblauch und die Oliven in 2 Esslöffeln Olivenöl andünsten. Die Tomaten, das Tomatenpüree und den Peperoncino dazugeben und alles 15–20 Minuten köcheln lassen.

◆ In der Zwischenzeit die Auberginenwürfel in einer zweiten Pfanne in 4 Esslöffeln Olivenöl braun braten. Dann zusammen mit den Kapern zum Sugo geben, alles nochmals kurz erhitzen und mit Salz und schwarzem Pfeffer abschmecken.

◆ Die Hälfte des Basilikums unter den Sugo rühren. Nicht mehr kochen lassen!

◆ Die Teigwaren in Teller verteilen, den Sugo darüber geben, mit Pinienkernen und dem restlichen Basilikum bestreuen und schwarzen Pfeffer darüber mahlen.

Farfalle mit Ziegenkäse und Rucola

2 Zwiebeln, in dünne Scheiben geschnitten
6 Knoblauchzehen, in feine Scheibchen geschnitten
3 EL Olivenöl
400 g Farfalle oder andere Teigwaren
200 g weicher, milder Ziegenkäse
200 g Rucola, Stengel entfernt, fein gehackt
50 g Baumnüsse oder Pinienkerne, leicht geröstet und gehackt
50 g Parmesan, gerieben
Salz, Pfeffer aus der Mühle

◆ Die Zwiebeln und den Knoblauch im Olivenöl goldbraun braten. Salzen und pfeffern und warm stellen.

◆ Die Farfalle al dente kochen. Abgiessen und ¼ Tasse Kochwasser auffangen.

◆ Das Teigwarenkochwasser erwärmen und den Ziegenkäse darin schmelzen. Teigwaren, Zwiebeln und Knoblauch beifügen und dann den Rucola, die Baumnüsse und den Parmesan. Nochmals mit Salz und Pfeffer abschmecken und gut umrühren.

Spaghetti mit Kräutern

300–400 g Soja-Vollkorn-Spaghetti
100 g frisches Paniermehl aus Vollkornbrot
1 EL Olivenöl oder Butter
4 EL Kräuter, fein gehackt (z.B. Basilikum Oregano, Petersilie, Schnittlauch)
4 EL Olivenöl
1 kleine Zwiebel, sehr fein gehackt
1 Knoblauchzehe, gepresst
Salz, viel schwarzer Pfeffer aus der Mühle
Parmesan, gerieben

◆ Die Spaghetti al dente kochen.
◆ In der Zwischenzeit das Vollkornpaniermehl in dem Olivenöl oder der Butter rösten. In eine grosse, vorgewärmte Schüssel geben und mit den übrigen Zutaten (ohne den Parmesan) mischen.
◆ Die gekochten Spaghetti dazugeben, alles gut mischen, leicht nachsalzen und viel Pfeffer darüber mahlen. Nach Belieben mit Parmesan servieren.

Spaghetti mit Kartoffeln und Erbsen al pesto

500 g Kartoffeln, geschält und in 1 cm grosse Würfelchen geschnitten
400 g Spaghetti, wenn möglich Soja-Vollkorn-Spaghetti
300 g tiefgekühlte Erbsen

Pesto:
1 Bund frischer Basilikum
2 Knoblauchzehen
50 g Pinienkerne, geröstet
4 EL Olivenöl
Salz, Pfeffer aus der Mühle

◆ Die Kartoffeln und Spaghetti zusammen in gesalzenem Wasser al dente kochen – das dauert etwa 10 Minuten. 1 Minute vor Ende der Kochzeit die Erbsen dazugeben und mitkochen.
◆ In der Zwischenzeit alle Zutaten für den Pesto mit 2 Esslöffeln Teigwarenkochwasser im Cutter pürieren (oder im Mörser fein zerstossen). Mit Salz und Pfeffer kräftig abschmecken.
◆ Die Spaghetti und das Gemüse abgiessen und auf Teller verteilen. Jeweils einen Klacks Pesto darauf geben und schwarzen Pfeffer darüber mahlen.

Griechischer Reis

250 g Vollkornreis
100 g Peperoni (Paprika), rot und grün, in sehr kleine Würfelchen geschnitten
50 g Sultaninen
50 g Korinthen
50 g Mandelsplitter
2 EL Olivenöl oder Butter
½ Bund Petersilie, fein gehackt
Salz, Pfeffer aus der Mühle

◆ Den Reis mit ½ l Wasser im Dampfkochtopf 15 Minuten kochen. Erst danach salzen.
◆ Die Peperoniwürfelchen zusammen mit den Sultaninen, Korinthen und Mandelsplittern in Öl oder Butter anbraten, den Reis dazugeben und gut durchmischen. Nochmals mit Salz und Pfeffer abschmecken und die Petersilie darunter ziehen.

Risotto al cicorino rosso

Risotto mit rotem Chicorée

300 g Vollreis
2 EL Olivenöl
300 g Cicorino rosso, in 1½ cm breite Streifen geschnitten
1 Knoblauchzehe, gepresst
1 EL Zitronensaft
75 ml Weisswein
Salz, schwarzer Pfeffer aus der Mühle
50 g Parmesan, gerieben

◆ Den Reis mit 600 ml Wasser ohne Salz im Dampfkochtopf 15 Minuten kochen.
◆ Das Olivenöl in einer grossen Bratpfanne erhitzen und den Cicorino rosso darin kurz durchbraten. Den Knoblauch und den Zitronensaft dazugeben und gut vermischen.
◆ Dann den gekochten Reis darunter ziehen, den Weisswein beifügen und auf ganz kleinem Feuer noch 5 Minuten ziehen lassen. Salzen und pfeffern.
◆ Den Topf vom Herd nehmen und den Parmesan unterziehen.

Limonenreis

300 g Vollreis
2 Limonen, Schale mit dem Sparschäler abgelöst
Salz, weisser Pfeffer aus der Mühle
1 EL Butter

◆ Den Reis mit den Limonenschalen und 600 ml Wasser im Dampfkochtopf 15 Minuten weich kochen. Den Reis abseits vom Herd 5 Minuten nachquellen lassen. Die Limonenschalen entfernen, den Reis mit Salz und Pfeffer würzen und die Butter unterziehen.

Tip: Wenn Sie Basmatireis verwenden, ebenfalls in der doppelten Menge Wasser und ohne Salz, aber nur 3 Minuten köcheln lassen, dann zudecken, die Herdplatte ausschalten und den Reis 20 Minuten nachquellen lassen.

Mais mit Gorgonzola

200 g Bramatamais
400 ml Milch
100 g Gorgonzola
50 g Parmesan, gerieben
1 Handvoll Kürbiskerne oder Baumnüsse

◆ 1 Liter Wasser zum Kochen bringen, den Mais im Sturz hineingeben, gut umrühren und etwa 10 Minuten auf sehr kleinem Feuer quellen lassen. Die Milch beifügen und den Mais weitere 30 Minuten quellen lassen. Mit Salz und nach Belieben etwas Pfeffer würzen.
◆ Den Backofen auf 220 Grad vorheizen.
◆ Eine Gratinform gut ausbuttern und den Mais hineingeben. Den Gorgonzola in kleine Würfel schneiden und auf dem Mais verteilen. Den Parmesan und die Kürbiskerne oder Baumnüsse darüber streuen und im vorgeheizten Ofen etwa 15 Minuten überbacken.

Fisch

Bouillabaisse

Französische Fischsuppe

1,5 kg verschiedene Fische (beim Fischhändler eine Mischung für Bouillabaisse verlangen), in grosse Stücke geschnitten
300 g Miesmuscheln, Bart entfernt, gebürstet
8 Crevetten, roh

Suppe:
2 EL Olivenöl
1 Stange Lauch, das Weisse in Streifen geschnitten
1 kleine Zwiebel, in Streifen geschnitten
1 Knoblauchzehe, gehackt
1 Fenchelknolle mit Kraut, in dünne Streifchen geschnitten
1 Tomate, geschält und klein gewürfelt
1 Msp. Safranpulver
1 Gewürzbouquet, bestehend aus 1 Nelke, 1 Lorbeerblatt, 1 Zweig frischer Thymian
1 l Fischfond (selbst gemacht oder Konserve)
¼ l trockener Weisswein
wenig Pernod oder Pastis

◆ Das Olivenöl in einem hohen Suppentopf erhitzen und das Gemüse darin andünsten. Dann die Tomatenwürfel und die Gewürze beifügen und mit dem Fischfond und dem Weisswein ablöschen. 20 Minuten köcheln lassen. Mit Salz und Pfeffer abschmecken.

◆ Die Fischstücke, Muscheln und Crevetten waschen, zur Suppe geben und etwa 5 Minuten leise ziehen lassen (nicht kochen, sonst flockt das Fischeiweiss aus und die Suppe wird unansehnlich).

Tip: Dazu Croûtons (getoastete Brotscheiben) mit Aioli (Rezept Seite 100) servieren.

Fisch auf Fenchelbett

3 EL Olivenöl
600 g Fenchel, halbiert und in schmale Längsspalten geschnitten, das Kraut gehackt
200 g Zwiebeln, in Streifen geschnitten
2 Knoblauchzehen, durchgepresst
1 TL Akazienhonig oder Zucker
150 ml Weisswein oder Apfelwein
¼ rote Peperoni (Paprika), in ganz kleine Würfelchen geschnitten
600–800 g Fischtranchen oder Fischfilets, z.B. Lyr (Seelachs), Kabeljau, Steinbutt, Seezunge, Flunder
etwas Dill oder Petersilie
Salz, Pfeffer aus der Mühle, Koriander
Olivenöl
1 Zitrone (ungespritzt), in Scheiben geschnitten

◆ In einer weiten Pfanne das Öl erhitzen und die Fenchel- und Zwiebelstreifen darin etwa 10 Minuten langsam zugedeckt dämpfen. Knoblauch, Honig oder Zucker und den Weisswein dazugeben, etwas salzen und nochmals kurz aufkochen.
◆ Den Backofen auf 200 Grad vorheizen.
◆ Eine Gratinform mit Butter oder Öl ausstreichen und das Gemüse hineingeben. Die Peperoniwürfelchen darüber streuen.
◆ Die Fischtranchen waschen, trockentupfen, salzen und schön angeordnet auf das Gemüse legen. Mit den gehackten Kräutern und dem Fenchelkraut, Salz, Pfeffer und Koriander bestreuen und mit 1 Esslöffel Olivenöl beträufeln. Auf jede Fischtranche 1 Zitronenscheibe legen.
◆ Im vorgeheizten Ofen je nach Dicke der Fischtranchen etwa 20 Minuten backen.

Dorade grillée

Grillierte Goldbrasse

Pro Person 1 kleine Dorade von ca. 600–800 g
oder 1 grosse Dorade von ca. 1,5 kg für 2–3 Personen, geschuppt und ausgenommen

1 Bund Dill oder andere frische Kräuter
1 Zitrone, in Scheiben geschnitten
Salz, Pfeffer aus der Mühle, Zitronensaft, Olivenöl
1 Päckchen getrocknetes Fenchelkraut (oder Saté-Spiesschen)

◆ Das getrocknete Fenchelkraut oder die Saté-Spiesschen in eine grosse Gratinform oder auf ein Backblech legen.
◆ Den Fisch waschen, trockentupfen und auf beiden Seiten 2 bis 3 Mal einschneiden. Den Fisch innen und aussen salzen, die Kräuter und jeweils ein paar Scheiben Zitrone in die Bauchhöhle geben, den Fisch auf die Fenchelstäbchen legen und grosszügig mit Olivenöl beträufeln.
◆ Den Backofen auf Grillstufe (Höchststufe, 250–280 Grad) vorheizen und den Fisch auf beiden Seiten je nach Grösse etwa 8–10 Minuten grillieren (8 Minuten für kleine Fische, 10 Minuten für einen grösseren von ca. 1,5 kg). Der Fisch lässt sich gut umdrehen, da er dank der Fenchelstäbchen nicht kleben bleibt.

Tip: Nach diesem Rezept lassen sich alle ganzen Fische im Ofen grillieren.

Risotto mit Meeresfrüchten

300 g Vollkornreis
½ Zwiebel, fein gehackt
1 EL Olivenöl
200 g Crevetten, roh, geschält
200 g Scampi, roh, geschält
200 g Tintenfischringe
500 g Miesmuscheln, Bart entfernt, gebürstet
2 Knoblauchzehen, durchgepresst
1 Tomate, mit der Haut zerdrückt
200 ml Weisswein
2 EL Butter oder Olivenöl
4 EL Parmesan, gerieben
1 EL glatte Petersilie, fein gehackt
1 EL Basilikum, fein gehackt
½ EL Kerbel, fein gehackt
Pfeffer aus der Mühle

◆ Den Reis mit der gehackten Zwiebel und 300 ml Wasser im Dampfkochtopf kochen. Das dauert etwa 15 Minuten.

◆ Das Olivenöl in einer grossen Pfanne erhitzen und alle Meeresfrüchte ausser den Muscheln darin heiss braten. Leicht salzen und pfeffern und wieder aus der Pfanne nehmen.

◆ Die geputzten Miesmuscheln in die heisse Pfanne geben, den Knoblauch und die Tomate hinzufügen, mit dem Weisswein ablöschen und zugedeckt bei kleiner Hitze kurz kochen. Sobald sich die Muscheln geöffnet haben, alles durch ein Sieb giessen und den Sud aufbewahren. Muscheln, die sich nicht geöffnet haben, wegwerfen! Das Muschelfleisch auslösen und zu den anderen Meeresfrüchten geben.

◆ Den abgegossenen Muschelsud aufkochen, den gekochten Reis dazugeben und gut durchmischen, dann die Meeresfrüchte hinzufügen und alles nochmals ganz kurz erwärmen. Die Pfanne vom Feuer nehmen und unter ständigem Rühren die Butter, dann den Parmesan und die gehackten frischen Kräuter unterziehen. Mit Pfeffer abschmecken. Salz wird es wahrscheinlich nicht mehr brauchen. Sofort servieren.

Gefüllte Fischspiesse auf Tomatengemüse

4 Seezungenfilets (ca. 400–600 g)
Olivenöl
Salz, Pfeffer aus der Mühle

Füllung:
3 Knoblauchzehen
6 EL Kapern, gewaschen und abgetropft
ein paar Tropfen Zitronensaft

3 EL Olivenöl
150 g Lauch, fein geschnitten
500 g Cherrytomaten, halbiert
1 Zitrone, Saft und wenig abgeriebene Schale

◆ Die Seezungenfilets auf beiden Seiten mit Olivenöl bestreichen, salzen und pfeffern und auf eine flache Platte legen.
◆ Die Zutaten für die Füllung pürieren und auf die Seezungenfilets streichen. Zusammenrollen und auf Bambusspiesschen stecken.
◆ Den Backofen auf 200 Grad vorheizen. Die Spiesschen auf ein mit Alufolie belegtes und eingeöltes Blech legen und 20–25 Minuten backen.
◆ Den Lauch in Olivenöl anbraten. Die Tomaten dazugeben und kurz mitbraten. Mit Salz, Pfeffer, wenig Zitronensaft und abgeriebener Schale abschmecken.
◆ Zum Servieren die Fischröllchen halbieren und auf das Tomatengemüse legen.

Spaghetti mit Fisch und Kräutern

500 g Spaghetti (z.B. Soja-Vollkorn-Spaghetti)
4 EL Olivenöl
400 g Seeteufelmedaillons oder
12 Riesencrevetten, geschält, Darm entfernt
3 Frühlingszwiebeln, Weisses gehackt, Stengel in dünne Rädchen geschnitten
3 Knoblauchzehen, fein gehackt
2 Stangen Staudensellerie, in dünne Scheibchen geschnitten
1 Bund Petersilie, fein gehackt
1 Bund Basilikum, fein gehackt
6 Salbeiblätter, fein gehackt
100 ml Weisswein oder Fischfond
Salz, Pfeffer aus der Mühle

◆ Die Spaghetti in Salzwasser al dente kochen.
◆ In einer grossen Pfanne das Olivenöl erhitzen, den Fisch oder die Riesencrevetten beigeben und darin kurz braten – nur etwa 2 Minuten. Dann das Gemüse und die Kräuter beigeben und alles zusammen braten. Mit dem Weisswein oder Fischfond ablöschen. Salzen und pfeffern.
◆ Die Spaghetti in eine vorgewärmte Schüssel geben, Fische oder Riesencrevetten zusammen mit der Gemüse-Kräuter-Mischung darüber geben und alles gut vermischen. Sofort servieren.

Fisch mit Gemüse und Aioli

1,2 kg Gemüse
600 g Kartoffeln
800 g Kabeljaufilet (Filet royal)

Aioli:
2 Eigelb
4–6 Knoblauchzehen
1 Kartoffel, frisch gekocht
¼ l kalt gepresstes Olivenöl
½ TL Senf
Zitronensaft
Salz, Pfeffer aus der Mühle

◆ Das Gemüse putzen, in grobe Stücke schneiden und zusammen mit den längs geviertelten Kartoffeln über Dampf knackig kochen. Leicht salzen.
◆ Den Fisch auf das Gemüse legen und noch 3–4 Minuten mitdämpfen. Salzen und pfeffern.
◆ Für das Aioli die Eigelbe, den Knoblauch und die Kartoffel im Mixer pürieren und dabei langsam das Öl einlaufen lassen. Wenn die Sauce hellgelb und dick geworden ist, mit Salz, Senf und Zitronensaft abschmecken.
◆ Das Gemüse auf Teller geben, den Fisch darauf anrichten und mit wenig Aioli überziehen. Das restliche Aioli separat dazu servieren.

Tip: Aioli lässt sich im Kühlschrank gut zugedeckt mindestens 1 Woche aufbewahren. Reste kalt oder warm zu einer Gemüseplatte oder zu kaltem Siedfleisch servieren. Das Aioli lässt sich auch mit etwas Magerquark strecken.

Miesmuscheln mit Gemüsen an Safransauce

1½ kg Miesmuscheln, Bart entfernt, geputzt
4 Kartoffeln, geschält , längs geviertelt
1 Zucchini, in ca. 4 cm lange Stücke geschnitten
1 Tomate, geschält, entkernt, grob gewürfelt
1 Kohlrabi, in 4 cm lange Stäbchen geschnitten, oder 1 Broccoli, in Röschen zerteilt
200 g kleine Kefen (Zuckerschoten), evtl. tiefgekühlt
100 g Erbsen, evtl. tiefgekühlt

Safransauce:
2 Schalotten, sehr fein gehackt
2 EL Olivenöl
300 ml Gemüsebouillon
2 EL Sauerrahm (Crème fraîche)
3 EL frische Kräuter, fein gehackt,
z.B. Schnittlauch, Basilikum, wenig Thymian
1 Prise Safran
ein paar Safranfäden

◆ Die Muscheln mit wenig Wasser in einen grossen Topf geben und 10 Minuten bei mittlerer Hitze zugedeckt kochen, bis die Muscheln sich geöffnet haben. Mit einem Schaumlöffel herausheben, etwas abkühlen lassen und das Muschelfleisch aus der Schale lösen. (Muscheln, die sich nicht öffnen, wegwerfen!) Den Kochsud durch ein Teesieb giessen und 100 ml davon zur Safransauce geben.
◆ Das Gemüse über Dampf knackig garen.
◆ Für die Safransauce die Schalotten im Olivenöl 15 Minuten auf kleinstem Feuer garen. Gemüsebouillon, Sauerrahm, Kräuter, Safranpulver und den Muschelkochsud beigeben. Mit Salz und Pfeffer abschmecken.

◆ Das Gemüse in die Safransauce geben und 1 Minute mitköcheln. Dann die ausgelösten Muscheln beigeben und ebenfalls kurz mitziehen lassen.
◆ Auf Tellern anrichten und mit ein paar Safranfäden bestreuen.

Tip: Statt mit Muscheln kann dieses Gericht auch mit Fisch zubereitet werden. In diesem Fall die Fische in wenig Olivenöl braten, herausnehmen und den Bratensatz mit wenig Gemüsebouillon oder Weisswein ablöschen und zur Safransauce geben.

Crevetten in Kräutermarinade

16–20 Riesencrevetten, roh, bis auf die Schwanzflosse geschält, Darm entfernt

Marinade:
4 EL Olivenöl
1 EL Vollrohrzucker oder Akazienhonig
1 EL Worcestershiresauce
3 TL Provencekräuter-Mischung
1 grosse Knoblauchzehe, gepresst
1 TL Salz
1 TL Peperoncini, ganz fein gehackt, oder Harissa
2 Lorbeerblätter
schwarzer Pfeffer aus der Mühle

4 EL trockener Wermut (Noilly Prat oder Martini extra dry)

◆ Alle Zutaten zur Kräutermarinade mischen und wenn möglich einen Tag ziehen lassen.
◆ Die Marinade in eine Bratpfanne geben und erhitzen, dann die Crevetten beigeben, gut durchmischen und auf kleinem Feuer leise ziehen lassen. Das dauert je nach Grösse der Riesencrevetten etwa 4–5 Minuten. Den Wermut beifügen und nochmals gut durchwärmen. Abschmecken.
◆ Die Riesencrevetten auf eine vorgewärmte Platte geben und mit der heissen Marinade begiessen.
◆ Mit über Dampf gekochtem Gemüse und feinen Vollkornnudeln oder Trockenreis servieren.

Tip: Dieses Gericht kann auch mit allen festen Fischsorten zubereitet werden

Fleisch

Gigot d'agneau avec tian de pommes de terre

Lammkeule mit Kartoffelgratin und Knoblauchsauce

Kartoffelgratin:
6 mittelgrosse Kartoffeln, in dünne Scheiben geschnitten
4 Tomaten, in Scheiben geschnitten
Salz, Pfeffer aus der Mühle
frischer Thymian
150 ml Gemüsebouillon

1 Lammkeule
2 Knoblauchzehen, in Stifte geschnitten
Olivenöl

Sauce:
3 ganze Knoblauchknollen in der Schale, äusserste Schalen abgelöst
100 ml Rahm
2 EL Tomatenpüree

◆ Den Backofen auf 180 Grad vorheizen.
◆ Eine Gratinform ausbuttern, die Kartoffeln und Tomaten reihenweise einschichten, salzen, pfeffern und ein paar Esslöffel Wasser darüber verteilen. 15 Minuten im vorgeheizten Ofen auf der untersten Rille backen.
◆ Von der Lammkeule alles Fett gut wegschneiden. Mit einem spitzen Messer das Fleisch rundherum einschneiden und in die Einschnitte Knoblauchstifte stecken. Die Lammkeule salzen, pfeffern und mit Olivenöl einreiben.
◆ Die Backofentemperatur auf 230 Grad erhöhen und die Lammkeule zusammen mit den Knoblauchknollen auf dem Rost über dem Kartoffelgratin 20 Minuten backen. Dann die Hitze wieder auf 180 Grad reduzieren, den Kartoffelgratin mit Gemüsebouillon benetzen, Thymianblättchen darüber streuen und alles zusammen je nach Grösse der Lammkeule weiter braten (man rechnet 15 Minuten pro 500 g Fleisch).
◆ Die Lammkeule noch 10 Minuten im ausgeschalteten Backofen ruhen lassen. Die Knoblauchknollen herausnehmen, die Haut der einzelnen Knoblauchzehen mit einer Schere aufschneiden und das Knoblauchmark herausdrücken. Mit einer Gabel zu einem Püree zerdrücken. Dieses Püree zusammen mit dem Rahm und dem Tomatenpüree in einem kleinen Pfännchen erhitzen und mit Salz und Pfeffer abschmecken. Die Knoblauchsauce zum Lammfleisch servieren.

Tip: Bei diesem Rezept werden Kartoffelgratin und Lamm zusammen im Ofen gegart. Der Saft des Fleisches tropft auf den Kartoffelgratin und gibt ihm ein wunderbares Aroma!

Couscous mit Lammfleisch

4 EL Olivenöl
500 g Lammfleischwürfel, z.B. aus Schulter oder Huft
200 g Zwiebeln, fein gehackt
2 TL Harissa (Pfefferschotenpaste)
½ TL Piment (Nelkenpfeffer)
1 TL Kreuzkümmelpulver
Salz, schwarzer Pfeffer aus der Mühle
2 grosse Karotten, quer in 2 cm dicke Scheiben geschnitten
300 g Weisskohl, in 5 cm grosse Stücke geschnitten
125 g Kichererbsen, am Vortag eingeweicht
200 g Tomaten, geviertelt
500 ml Gemüsebouillon, heiss
250 g Kürbis, geschält, in grosse Würfel geschnitten
250 g Zucchini, in grosse Würfel geschnitten
2 TL Harissa

Griess:
500 g Couscousgriess
4 EL Olivenöl
Salz

◆ Das Öl in einem grossen Topf erhitzen, die Lammfleischwürfel salzen und darin scharf anbraten. Dann die Zwiebeln, die Gewürze, Karotten, Kohl, die Kichererbsen und die Tomatenviertel beifügen und gut vermischen. Mit so viel heisser Gemüsebouillon auffüllen, bis alles knapp bedeckt ist. Aufkochen, dann die Hitze reduzieren und alles mindestens 1½ Stunden zugedeckt köcheln lassen. Nach 10 Minuten nochmals mit Salz und Pfeffer nachwürzen.

◆ Anschliessend die Kürbis- und Zucchiniwürfel beifügen und weitere 15 Minuten mitköcheln.

◆ Kurz vor dem Servieren den Couscousgriess in eine Schüssel geben und in viel Wasser 3 Minuten quellen lassen. Durch ein Sieb abgiessen und auf ein sauberes Küchentuch oder auf 4 Lagen Küchenpapier stürzen. Leicht trockentupfen. Den Couscous wieder in die Schüssel geben und mit dem Olivenöl und 1 Teelöffel Salz gut vermischen. In einem Topf mit Dämpfaufsatz Wasser zum Kochen bringen und den Couscous über dem Dampf offen 3 Minuten quellen lassen. (Oder gemäss Packungsanleitung zubereiten.)

◆ Den Couscous auf eine vorgewärmte sehr grosse Platte geben und in der Mitte eine Mulde für das Fleisch bilden. Mit einer Schaumkelle das Fleisch und das Gemüse aus dem Topf schöpfen und darauf anrichten. Die übrig gebliebene Flüssigkeit mit 2 Teelöffel Harissa und falls nötig noch etwas Salz würzen und separat zum Couscous reichen.

Tip: Couscous kann auch mit anderen Fleischsorten, z.B. mit Poulet, zubereitet werden. Die Kochzeit reduziert sich dann je nach Fleischsorte auf 40–60 Minuten.

Lammkoteletts mit provenzalischem Gemüse und Tomatensauce

Ratatouille:
6 EL Olivenöl
2 Auberginen, in 1 cm grosse Würfel geschnitten
1 Zwiebel, grob geschnitten
4 Knoblauchzehen, grob gehackt
3 Zucchini, in 1 cm grosse Würfel geschnitten
1 Peperoni (Paprika), in 1 cm grosse Würfel geschnitten
2 Rosmarinzweige
2 Salbeiblätter
3 Thymianzweige
Salz, Pfeffer aus der Mühle

Tomatensauce:
500 g reife Tomaten, enthäutet, entkernt, gewürfelt
2 EL Olivenöl
1 Thymianzweig
5 Blätter Basilikum

12 kleine Lammkoteletts
Dijonsenf
Olivenöl

◆ In einer grossen Bratpfanne das Olivenöl erhitzen und dann zuerst die Auberginenwürfel mit der Zwiebel und dem Knoblauch gut durchbraten. Dann die übrigen Gemüse und die Kräuter beigeben, kräftig würzen und alles zugedeckt mindestens 30 Minuten auf ganz kleinem Feuer schmoren.

◆ Für die Tomatensauce die Tomaten zusammen mit den Kräutern im Olivenöl 20 Minuten schmoren lassen. Mit Salz und Pfeffer abschmecken.

◆ Die Lammkoteletts salzen und pfeffern und auf beiden Seiten mit Dijonsenf bestreichen. In wenig Olivenöl auf beiden Seiten rosa braten.

◆ Das Ratatouille auf Teller verteilen, mit wenig Tomatensauce umgiessen und die gebratenen Lammkoteletts dazu anrichten.

Kalbskoteletts an Rosmarinbutter

4 Kalbskoteletts
wenig Dijonsenf
2 EL Bratbutter
2 Rosmarinzweige
Salz, Pfeffer aus der Mühle

◆ Die Koteletts mit Senf einreiben und 15 Minuten ziehen lassen. Salzen und pfeffern.

◆ Eine Bratpfanne erhitzen, 1 Esslöffel Bratbutter hineingeben und die Koteletts zusammen mit den Rosmarinzweigen darin rundherum etwa 4 Minuten gut anbraten. Herausnehmen, in Alufolie wickeln und 5 Minuten ziehen lassen. Dann das Fleisch auf vorgewärmten Tellern anrichten.

◆ Den restlichen Esslöffel Butter und den Bratenjus, der sich in der Alufolie gesammelt hat, in die Pfanne zu den Rosmarinzweigen geben, kurz aufschäumen lassen und über das Fleisch verteilen.

Tip: Eine feine Zubereitungsart auch für Pouletbrüstchen.

Lammkoteletts mit provenzalischem Gemüse und Tomatensauce

Bollito Misto mit Salsa verde

Gekochtes Fleisch mit grüner Sauce – ein Festessen für mindestens 10 Personen!

1 kg Rindsbraten
1 Kalbszunge
1 kg Kalbsbraten
1 Poulet, küchenfertig
ca. 1,5 Liter schwache Fleisch- oder Hühnerbouillon
4 Zwiebeln, geviertelt
4 Karotten, längs halbiert
1 Bund Petersilie
1 Lorbeerblatt
5 Pfefferkörner

Salsa verde:
4 EL Frühlingszwiebeln, fein gehackt
1 TL Knoblauch, fein gehackt
8 Sardellen, abgetropft, gewaschen und gehackt
4 EL Kapern, abgetropft, gewaschen
2 Bund Petersilie, fein gehackt
4 EL Zitronensaft
100 ml Olivenöl
Salz, frisch gemahlener schwarzer Pfeffer aus der Mühle

ausserdem:
Senffrüchte (Mostarda) und Senf

◆ Das Rindfleisch und die Zunge in kochendes Wasser geben, kurz aufschäumen lassen und das Wasser wieder wegschütten.

◆ Die Fleisch- oder Hühnerbouillon aufkochen, das Gemüse und die Gewürze beigeben und dann die Zunge und das Rindfleisch hineinlegen und etwa 1 Stunde leise köcheln lassen. Anschliessend den Kalbsbraten beigeben und nach weiteren 15 Minuten das Poulet. Alles auf ganz kleinem Feuer weich kochen.

◆ Das Fleisch herausnehmen und in ganz dünne Scheiben, das Huhn in kleine Stücke schneiden und auf einer Platte schön anrichten.

◆ Alle Zutaten für die Salsa verde vermischen und sehr pikant abschmecken. Zusammen mit Senf und Senffrüchten servieren.

Tip: Passt wunderbar zu einer Gemüseplatte oder zu einem grossen Salatteller.

Dieser typisch italienische Festschmaus für eine grosse Familie bereitet sich ganz von selbst zu!

Zitronenpoularde

1 Poularde, möglichst Freiland
3 EL Olivenöl
6 Knoblauchzehen, geschält
2 Zitronen (unbehandelt), eine ausgepresst, eine in Scheiben geschnitten
100 ml Hühnerbouillon
diverse Kräuter, z.B. Zitronenthymian, Rosmarin, Petersilie, Salbei, Majoran
Salz, Pfeffer aus der Mühle

◆ Die Poularde in 8 Stücke schneiden, waschen, trockentupfen und mit Salz und Pfeffer einreiben.
◆ Den Backofen auf 200 Grad vorheizen.
◆ In einem grossen Bräter das Olivenöl erhitzen und die Poulardenstücke darin auf beiden Seiten anbraten. Knoblauch und Kräuter beifügen und alles mit dem Zitronensaft ablöschen. Die Zitronenscheiben zwischen das Fleisch stecken. Die Bouillon dazugiessen und das Fleisch zugedeckt im vorgeheizten Ofen 30 Minuten braten, dann den Deckel entfernen und weitere 30 Minuten fertig braten.
◆ Mit Gemüse und Bratkartoffeln oder einem Weissweinreis servieren.

Tip: Sparen Sie bei diesem Gericht nicht mit Kräutern!

Poularde an Salbei

1 Poularde, ca. 1,6 kg (wenn möglich Bioqualität)
4–5 Stengel Salbei
500 g Kartoffeln, gebürstet, geviertelt
2–3 Frühlingszwiebeln, geviertelt
75 g schwarze Oliven
½ Zitrone, längs halbiert
2–4 Knoblauchzehen
3 EL Olivenöl
200 ml Weisswein
Salz, Pfeffer aus der Mühle

◆ Die Poularde innen und aussen mit Salz und Pfeffer einreiben und etwa drei Viertel der Salbeiblätter in die Bauchhöhle legen.
◆ Einen Bräter mit wenig Olivenöl ausstreichen und die Poularde hineinlegen.
◆ Die Kartoffeln, Frühlingszwiebeln, Oliven, Zitronenviertel und Knoblauchzehen dazugeben, alles gut salzen und pfeffern und mit Olivenöl beträufeln.
◆ Den Backofen auf 220 Grad vorheizen und die Poularde darin etwa 45 Minuten backen. Dann die Ofentemperatur auf 160 Grad reduzieren, den Wein dazugiessen und die Poularde weitere 30 Minuten sanft schmoren lassen.

Zitronenpoularde

Desserts

Cassata alla Siciliana

Gefülltes halbgefrorenes Biskuit

Biskuit:
3 Eigelb, mit 2 EL Akazienhonig vermischt
3 Eiweiss, mit 2 EL Akazienhonig vermischt
100 g Vollkornmehl, ganz fein gemahlen
1 TL Backpulver

Füllung:
500 g Ricotta
4 EL Rahm
4 EL Akazienhonig
4 EL kandierte Früchte, grob gehackt
2 TL Pistazien, grob gehackt
50 g dunkle Schokolade, gerieben
4 EL Grand Marnier

Glasur:
75 g dunkle Schokolade
50 ml starker Kaffee
50 g Butter

◆ Für das Biskuit die Eigelbmischung und die Eiweissmischung separat schaumig aufschlagen.

◆ Das Backpulver mit dem Mehl vermischen. Die Eigelbmasse und die Hälfte des Eischnees darauf geben und mit einem Gummispachtel alles gut vermischen. Dann den restlichen Eischnee sorgfältig darunter ziehen.

◆ Den Backofen auf 180 Grad vorheizen.

◆ Ein grosses viereckiges Backblech mit Backpapier belegen und mit wenig Butter fetten. Den Teig mit dem Gummispachtel darauf verteilen und glatt streichen. Etwa 10 Minuten im vorgeheizten Ofen backen. Auf ein sauberes Tuch stürzen und das Backpapier abziehen.

◆ Für die Füllung alle Zutaten gut miteinander vermischen.

◆ Das Biskuit in 4 Längsstreifen schneiden und diese mit der Ricottamasse bestreichen. Die vier Streifen aufeinander schichten und im Tiefkühler kalt stellen.

◆ Für die Glasur die Schokolade im Wasserbad schmelzen lassen, Kaffee und Butter darunter mischen und die Glasur leicht abkühlen lassen. Dann über die durchgekühlte Cassata giessen und diese wieder ins Gefrierfach stellen.

◆ Diese Cassata schmeckt semi-freddo, also halbgefroren, am besten.

Pere al Vino con Mascarpone

Gefüllte Weinbirnen

4 kleinere Birnen
300 ml Weisswein
3 EL Akazienhonig
1 Vanillestängel oder ½ TL Vanillepulver
1 Nussmakrönchen
4 EL Mascarpone
2 EL Cognac

◆ Die Birnen schälen, halbieren und das Kerngehäuse sorgfältig ausstechen.
◆ Den Weisswein zusammen mit Honig und Vanille in einer weiten Pfanne aufkochen, die Birnen hineingeben und etwa 15 Minuten auf kleinem Feuer ziehen lassen. Herausnehmen und in eine weite Schale stellen. Die verbliebene Flüssigkeit auf die Hälfte einkochen und über die Birnen giessen. Diese in der Flüssigkeit erkalten lassen. Den Vanillestängel entfernen.
◆ Das Nussmakrönchen zerdrücken, mit dem Mascarpone vermischen und mit dem Cognac abschmecken.
◆ Die Birnen auf Desserttellern anrichten, mit der Mascarponemischung füllen und mit der restlichen Flüssigkeit umgiessen.

Tip: Man kann den Weisswein auch durch Marsala ersetzen.

Winter-Fruchtsalat

½ frische Ananas, in Scheiben geschnitten
3 Orangen, geschält, filetiert
1 rosa Grapefruit, geschält, filetiert
1 Banane, in Scheiben geschnitten
100 g Trauben, halbiert
100 g Akazienhonig (= ca. 3 EL)
¼ l Orangensaft
50 g Baumnüsse
Grand Marnier oder Cointreau
250 g Trockenfrüchte, klein geschnitten (Aprikosen, Feigen, Datteln, Birnen, Äpfel, Pflaumen usw.)

◆ Eine grosse Schale mit den frischen Früchten auslegen.
◆ Den Honig zu einem dunklen Karamel kochen und mit 3–4 Esslöffeln Orangensaft ablöschen. Die Baumnüsse kurz darin glasieren. Mit einer Schaumkelle herausheben und auf ein Backpapier geben.
◆ Den restlichen Orangensaft beifügen und etwas einkochen. Grand Marnier oder Cointreau nach Belieben hinzufügen. Den Saft etwas auskühlen lassen.
◆ Die Trockenfrüchte mit dem Saft übergiessen und mindestens 1 Stunde ziehen lassen. (Wenn's eilt, die Trockenfrüchte in der Flüssigkeit kurz aufkochen und für 10 Minuten beiseite stellen.)
◆ Die Trockenfrüchte mit dem Saft in die Mitte des frischen Fruchtsalats geben und mit den karamelisierten Baumnüssen ausgarnieren.

Tip: Kochen Sie ein paar Orangenzesten (ohne die bittere weisse Haut!) in der Sauce mit.

Feigen in Orangensauce

12 reife blaue oder grüne Feigen
125 g Akazienhonig
2 Orangen, unbehandelt oder kurz in kochendem Wasser blanchiert, Schale dünn abgeschält und Saft ausgepresst
2 EL Zitronensaft
⅛ l süsser Sherry oder Marsala
2 Zimtstangen
100 g Mascarpone oder steif geschlagener Schlagrahm

◆ Die Feigen halbieren und die Schale mehrmals mit einer Gabel einstechen.
◆ Den Akazienhonig zu hellbraunem Karamel einkochen, mit dem Orangensaft und dem Zitronensaft ablöschen und kochen, bis sich das Karamel aufgelöst hat. Den Sherry, die Zimtstangen und die Orangenschalen beigeben und einmal kurz aufkochen. Die Flüssigkeit heiss über die Feigen giessen und über Nacht im Kühlschrank durchziehen lassen.
◆ Die Feigen aus dem Sud nehmen und auf Tellern anrichten. Den Sud nochmals etwas einkochen und über die Feigen giessen. Mit einem grossen Tupfer Mascarpone oder Schlagrahm garnieren.

Tip: Dieses Feigendessert kann sowohl heiss wie kalt serviert werden.

Soufflierte Pfirsiche

4 Pfirsiche
4 EL Weisswein
4 TL Akazienhonig oder Zucker

Eicreme:
2 Eiweiss
4 EL Akazienhonig
1 Eigelb

1 Handvoll Pistazien, grob gehackt
150 g Erdbeeren oder andere Beeren

◆ Die Pfirsiche halbieren, den Stein entfernen und die Hälften etwas aushöhlen. Den Weisswein mit dem Akazienhonig mischen und in die Gratinform giessen. Die Pfirsichhälften hineinstellen.
◆ Das Eiweiss zusammen mit dem Honig zu Schnee schlagen. Das Eigelb mit dem ausgelösten Pfirsichfleisch im Mixer pürieren. Diese zwei Massen sorgfältig miteinander vermischen. Die Pfirsichhälften mit dieser Eicreme füllen, den Rest beiseite stellen.
◆ Die gefüllten Pfirsichhälften mit den gehackten Pistazien bestreuen und im vorgeheizten Ofen bei 200 Grad während 10 Minuten aufgehen lassen.
◆ In der Zwischenzeit zwei Drittel der Beeren im Mixer pürieren und mit der restlichen Eicreme sorgfältig vermischen. Diese Fruchtsauce auf vier Teller verteilen. Die Pfirsichhälften darauf anrichten und mit den restlichen Beeren garnieren.

Literaturverzeichnis

Ohlenschläger, G.: *Schach dem Herzinfarkt,* Medi Verlag, 1997. – Sehr empfehlenswert.

Furtmayer-Schuh, Annelies: *Postmoderne Ernährung, Food-Design statt Esskultur,* Trias Verlag, 1993. – Empfehlenswert.

Leitzmann, Claus und Helmut Million: *Power Food!,* Gräfe und Unzer, 1998

Burgersteins *Handbuch der Nährstoffe,* Haug Verlag, 1997

Nilsson, Lennart: *Eine Reise in das Innere unseres Körpers,* Ex Libris, 1988

Bruker, M.: *Herzinfarkt – Herz-, Gefäss- und Kreislauferkrankungen,* emu-Verlag, 1987

Dahlke, Rüdiger: *Herzensprobleme,* Knaur-Verlag, 1990

Arne Schäffler und Sabine Schmidt: *Mensch, Körper, Krankheit,* Jungjohann-Verlag, 1995

Yudkin, John: *Eating for a Healthy Heart,* Keats Publishing, 1996

Zeitschriften

Empfehlungen der Arbeitsgruppe Lipide der Schweizerischen Gesellschaft für Kardiologie, Hospitalis, 1995

Nutrition Reviews (International Life Sciences Institute), November 1998, Mai 98

The Lancet, Nr. 345, 273–277, 278–282, 1995

Tabula, Zeitschrift der Schweizerischen Vereinigung für Ernährung, Mai 1998

VitaMinSpur, Zeitschrift für Diätetik, Ernährungsmedizin und angewandte Ernährungsberatung, 2/1998, 4/1997

Journal für orthomolekulare Medizin, 2/1997, Schwerpunktthema «Herz-Kreislauf-Erkrankungen»

Graut, William B.: «The role of sugars in Ischemic Heart Disease», in: *Townsend Letters for Doctors and Patients,* 1999

Niestroj, Irmgard: «Homocystein – ein Risikofaktor», in: *Zeitung für Unmweltmedizin* 2/1998

Reglin, Felicitas: «Die Entstehung des Herzinfarkts», in: *Praxis Telegramm* 1/1996

Singer, Peter: «Was sind, wie wirken Omega-3-Fettsäuren?», in: *Umschau Zeitschriften-Verlag* 1994

Schroll, Armin: «Magnesium und Angina pectoris», in: *VitaMinSpur* 3/1992

Rezeptverzeichnis